新思维·新视点·新力量

设计治理

新征程乡村振兴中县域品牌化策略研究

赵文 / 著

化学工业出版社
·北京·

内容简介

本书以品牌学、设计学为切入口，以新发展理念、乡村振兴战略指导构建了湖北省县域品牌体系，基于品牌、设计、符号、传播等学科理论提炼湖北省品牌策略模型，将湖北省县域品牌化研究落地应用于实践设计中，挖掘新征程乡村振兴中湖北省县域品牌的设计范式。搭建湖北省县域品牌系统体系、策略、设计模型、评价指标，以设计助推新征程湖北省乡村振兴，建设宜居宜业和美乡村。

本书可帮助设计学专业师生及乡村振兴研究者获取理论与案例，为县域品牌设计运营者、乡村振兴项目人员提供实操指导，助力乡村振兴与县域品牌建设。

2023年度湖北省高等学校哲学社会科学研究重大项目（省社科基金前期资助项目）:《设计治理：新征程乡村振兴中湖北县域品牌化策略研究》[23ZD254]研究成果

图书在版编目（CIP）数据

设计治理 ： 新征程乡村振兴中县域品牌化策略研究 / 赵文著. -- 北京 ： 化学工业出版社, 2025. 11.

ISBN 978-7-122-49244-9

Ⅰ. F320. 3

中国国家版本馆CIP数据核字第202549E12Q号

责任编辑：李彦玲　　文字编辑：任欣宇

责任校对：杜杏然　　装帧设计：王晓宇

出版发行：化学工业出版社

（北京市东城区青年湖南街13号　邮政编码100011）

印　　装：北京天宇星印刷厂

710mm×1000mm　1/16　印张10¾　字数200千字

2026年1月北京第1版第1次印刷

购书咨询：010-64518888　　售后服务：010-64518899

网　　址：http://www.cip.com.cn

凡购买本书，如有缺损质量问题，本社销售中心负责调换。

定　　价：68.00元

前言

十四届全国人大二次会议报告2024工作任务“推进乡村全面振兴、城乡融合”、2024中央一号文件“创响区域公用品牌”、2023国家发改委等印发《数字经济促进共同富裕实施方案》加快数字化赋能乡村振兴发展。

2023年3月国家领导人在第十四届人民代表大会第一次会议强调“要推动城乡区域协调发展、建议发展乡村特色产业”，推进乡村建设行动。2023年中央1号文件支持打造“区域公用品牌”。我国县级行政区2800余个，县域是乡村全面振兴核心单元，城乡融合与区域协调发展，其中县域品牌化与设计是必然之路。从1998年至今，县域品牌逐步得到关注，但“县域品牌设计”研究甚少，本书拟通过县域品牌化与设计研究范式助力湖北省县域品牌化建设。

强国先强农，乡村振兴县域是重中之重。本研究以新发展理念为指导，主要以品牌学、设计学视角为切入点，以湖北省县域品牌体系构建、策略、设计模型、评价为着力点，通过湖北省案例实践，湖北省县域品牌化、“一体化”推进宜居宜业和美乡村建设。以乡村全面振兴战略为指导，拟构建湖北省县域系统性强的品牌体系，促进县域品牌推广和发展；以新发展理念为指导，回应乡村全面振兴战略并与品牌化理论耦合，利于县域品牌的持续发展；拟以湖北省县域“三农、受众”视角，搭建多维评价指标，及时作用与反馈助力县域品牌建设；以设计学为切入点，搭建多学科融合性强的湖北省县域品牌化的设计模型。

本书是基于品牌学、设计学理论并融入新发展理念，通过县域品牌体系构建、策略、传播等路径，以品牌设计为手段传播差异化湖北省县域品牌，助推湖北省县域经济高质量发展。国内外研究在县域旅游、农产品等单一品牌化建设、传播策略及视觉设计本位研究多，而县域品牌体系、策略与设计一体化研究少。

重点突出在构建以乡村振兴战略为指导的湖北省县域的系统性品牌体系；提出以新发展理念为指导的县域品牌策略；融合品牌学、符号学、传播学、设计学等学科理论构建县域品牌化设计模型、搭建评价指标；湖北省县域品牌案例设计实践以呈现县域一体化品牌和县域农文旅品牌化。

难点主要体现在湖北省县域产业、文化、生态地域因素不同，拟实地田野调研方法走访大量县域，系统性构建品牌体系；县域品牌意识不够，拟以实际案例实践进行引领和示范；县域的品牌体系散乱、同质化多，拟梳理厘清实现品牌整合策略；湖北省县域品牌未能挖掘地域优势，拟通过多学科的融合路径形成设计模型。

湖北省县域品牌化策略与设计研究是县域经济高质量发展的实际需要。品牌化有效整合县域文旅、农业，支撑县域产业发展；提供品牌建设思路参考、及时进行策略跟进，提供设计实践案例范式；基于新发展理念以品牌化创新路径落实推进县域经济，引领湖北省县域内生动力，进一步推进县域持续健康发展内循环、绿色发展，融入国际贸易战略开放外循环，县域品牌共享，最终助力县域经济高质量发展；品牌化策略能有效整合县域文旅、农业等各类资源，助力县域产业发展和经济动能。

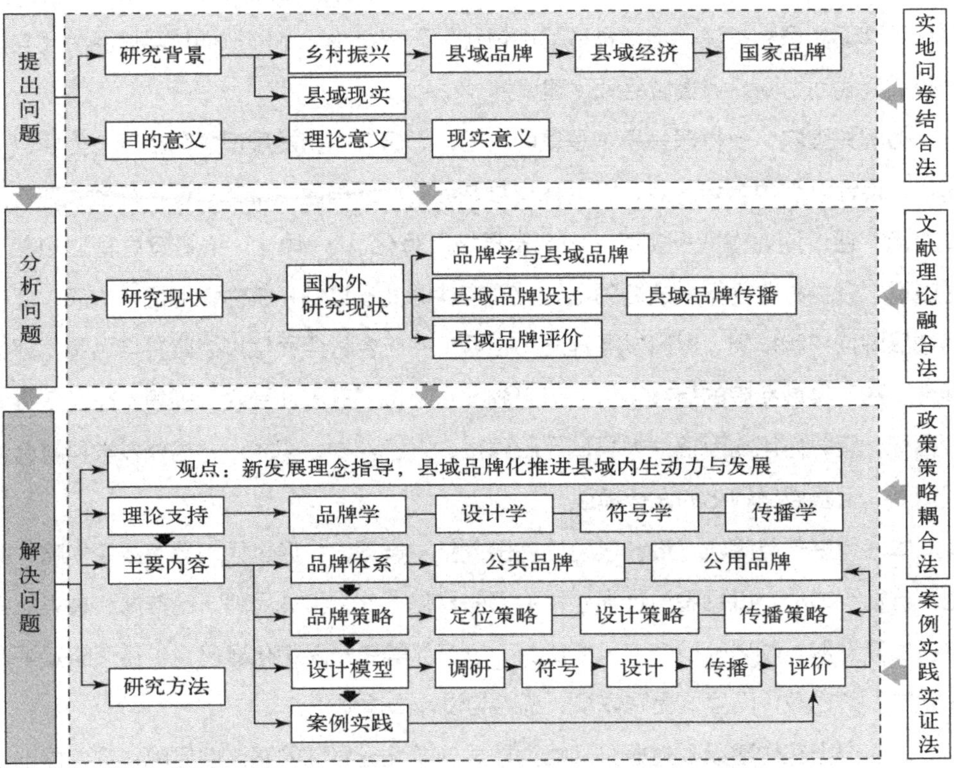

本书主要内容及特色如下。

（1）构建湖北省县域品牌体系。以乡村全面振兴战略“产业、生态、人才、文化、组织”为指导，构建以湖北省县域公共品牌和公用品牌等一体化为主构架的互动性的品牌体系。

（2）整合湖北省县域品牌策略。以新发展理念为指导，搭建湖北省县域品牌化策略，包括定位策略（产业、人才、组织、文化、生态等“多面一体”策略）、设计策略（理念、行为、识别等“多维整合”策略）、传播策略（媒介、对象、时机、危机处理等“多元融合”）等互动融通。

（3）系统化县域品牌设计。基于湖北省县域的基础调研、符号归纳、设计路径、品牌传播、品牌评价为构架的“作用与反馈式”设计模型。通过湖北省县域调研与定位、体系构建等梳理分析县域的品牌资源；基于符号学理论的“物、形、义”完成符号归纳形成品牌因子；基于设计方法论实现县域品牌化设计，以不同时机、载体、维护等面向受众；通过“三农主体、受众客体”视角建立指标评价并反作用于县域品牌不断优化。

（4）湖北省县域品牌案例实践。在县域品牌体系、策略、设计模型理论研究基础之上，以实际湖北省县域为例实施设计范式实践，形成互动与互证关联。

致谢

赵　文

2025年8月

目录

第 6 章

湖北省县域品牌化的挑战与展望

第 7 章

湖北省县域品牌化案例实践

第1章

乡村振兴战略下的县域品牌化

乡村振兴战略概述 1.1

1.1.1 乡村振兴战略的背景

（1）时代背景

习近平总书记在2017年中国共产党第十九次全国代表大会报告中首次提出了我国发展乡村振兴战略，指出，农业农村农民问题是关系国计民生的根本性问题，必须始终把解决好“三农”问题作为全党工作重中之重。要坚持农业农村优先发展，按照产业兴旺、生态宜居、乡风文明、治理有效、生活富裕的总要求，建立健全城乡融合发展体制机制和政策体系，加快推进农业农村现代化。2021年中央一号文件中也指出全面推进乡村振兴是实现中华民族伟大复兴的一项重大任务[1]。

乡村振兴战略是为了解决我国城乡发展不平衡、不充分的问题。当前，我国发展不平衡问题在乡村最为突出，主要体现在农产品阶段性供过于求和供给不足并存、农业供给质量亟待提高，农村基础设施与民生领域欠账较多[2]。自党的十八大以来，我国坚持把解决“三农”问题作为全党工作的重中之重，持续推进农业现代化和新农村建设。五年来，粮食生产能力持续提升，农村生态文明建设显著加强，农民获得感显著提高，为实施乡村振兴战略奠定了基础。

2022年10月16日，习近平总书记在党的二十大报告中指出，中国式现代化是全体人民共同富裕的现代化。共同富裕是中国特色社会主义的本质要求，也是一个长期的历史过程。习近平总书记强调，最艰巨、最繁重的任务仍然在农村，促进农村共同富裕，必须巩固拓展脱贫攻坚成果，

---

❶ 中共中央，国务院.《中共中央、国务院关于全面推进乡村振兴加快农业农村现代化的意见》，2021.

❷ 中共中央，国务院.《中共中央、国务院关于实施乡村振兴战略的意见》，2018.

增强脱贫地区和脱贫群众内生发展动力。

党的二十大报告进一步明确了全面推进乡村振兴的目标，提出要加快农业农村现代化，建立健全城乡融合发展体制机制和政策体系，为全面建设社会主义现代化国家奠定了坚实基础。乡村振兴战略强调巩固拓展脱贫攻坚成果同乡村振兴的有效衔接，设立过渡期并保持主要帮扶政策的稳定性。脱贫攻坚期内积累的经验为乡村振兴奠定了坚实基础❶。

从《乡村振兴战略规划（2018—2022年）》到近年来的中央一号文件，乡村振兴战略被不断细化和实化，涵盖产业振兴、生态振兴、人才振兴等多个方面。乡村振兴战略还以立法形式提供保障，通过《中华人民共和国乡村振兴促进法》明确了乡村振兴的法律框架。

（2）合作形式

促进乡村振兴国际交流合作，讲好乡村振兴中国故事，为世界贡献中国智慧和中国方案❷，强调以国际合作推动乡村发展，以“共商共建共享”的全球治理观践行乡村振兴战略。

例如积极参与地理标志国际合作，用好各类国际交流合作平台，加快中国地理标志产品走出去❸，地理标志产品是品牌化的重要手段，更是成为推动乡村经济融入全球市场的重要手段。引导区域品牌争取国际的有机农产品认证，可以加快提升区域乡村绿色、有机农产品认证的权威性和影响力❹。品牌通过国际认证和标准化生产，我国乡村产业也将不断拓展国际市场，为实现乡村振兴提供更有力的支持。

近年来，各地乡村振兴工作不仅关注经济，更是注重通过文化交流提升在国内外的影响力，因此围绕服务区域地方经济开展的各类产业和区域地理标志产品综合展示交易，比如举办县域乡村品牌推介、农副产品产销对接等线上线下活动❺。通过各类平台宣传县域品牌价值，具有鲜明的区域品牌和乡村特色产品成为全球市场的重要参与者。

1.1.2 县域在乡村振兴战略中的定位

县域作为实施乡村振兴战略的基本

❶ 中共中央，国务院.《中共中央、国务院关于做好2023年全面推进乡村振兴重点工作的意见》，2023.

❷ 中共中央，国务院.《中共中央、国务院关于实施乡村振兴战略的意见》，2018.

❸ 国家知识产权局.《国家知识产权局关于组织开展地理标志助力乡村振兴行动的通知》（国知发运字〔2021〕20号），2021.

❹ 国务院.《国务院关于促进乡村产业振兴的指导意见》（国发〔2019〕12号），2019.

❺ 国家知识产权局.《国家知识产权局关于组织开展地理标志助力乡村振兴行动的通知》（国知发运字〔2021〕20号），2021.

单元，对规划的实施性、可操作性和具体性要求更高，因此县域乡村振兴的系统性规划是实施乡村振兴战略的关键环节。处理好乡村振兴战略与县域新型城镇化之间的关系，探究县域城镇化与品牌化的关联，是县域战略取向与路径的必要选择，也具有重要的理论与实践意义。

乡村是自然、社会、经济特征兼具的地域综合体，是乡村振兴战略的实施基础。在推进乡村振兴的过程中，总体规划和品牌化建设必须先行一步。只有深入分析乡村地域的独特优势和自身特点，才能制定出切实可行的整体发展规划。这一规划必须以产业兴旺、生态宜居、乡风文明、治理有效、生活富裕为总目标，从战略高度出发，全面、系统地制定实施计划。

乡村的综合性特质决定了乡村振兴发展和品牌化规划不能简单套用其他具体发展规划的模式。它需要更加注重全局性，从整体出发，统筹协调乡村的经济、社会、文化、生态等各个方面；需要体现长期性，立足长远，避免短期行为；需要突出实践性，紧密结合乡村的实际需求，确保规划能够落地实施；需要强调实效性，以实际效果为导向，切实提升乡村的发展水平；还需要彰显地域性，充分挖掘和利用乡村的本土资源，打造具有地方特色的乡村振兴模式。只有这样，才能真正实现乡村的全面振兴，让乡村成为人们向往的美丽家园。

县域乡村振兴是根据国家、省、市乡村振兴发展的要求和当地自然、经济、社会、文化、政治条件，对全县乡村政治、经济、文化、社会和生态文明在空间和时间上做出的战略性布局和统筹性安排。县域是城乡融合发展的重要切入点，也是实施乡村振兴战略的主战场，县域城乡融合发展与乡村振兴之间存在着立体式、复合性的多层逻辑关系。县域既是能够完整囊括城市和乡村的经济发展基础单元，也是最直接推动城乡公共服务与品牌化均衡发展的资源配置单元，在乡村振兴战略中具有重要定位。

1.1.3 乡村振兴与相关政策

（1）农业农村部强调品牌建设

《关于落实中共中央 国务院关于学习运用“千村示范、万村整治”工程经验有力有效推进乡村全面振兴的意见》[1]中，提出全链推进乡村产业发展，通过提升农产品品质和标准化生产水平，以农业为基础的特色产业得以壮大。加强传统手工艺保护传承，促进传统工艺特色产业发展，打造“工艺牌”“文化牌”等乡土品牌，为区域农业产业链延伸提供文化赋能，发展特色粮油、果菜茶、畜禽、水产品等特色品牌和产业专业村镇，增强区域特色产业竞争力。

同时，明确提出优化实施农业产业融合发展项目，支持建设一批品牌化的优势特色产业集群、国家现代农业产业园、农业产业强镇。国家现代农业产业园和农业产业强镇的打造，为农业生产提供现代化基础设施，同时拓宽与区域品牌的文旅、休闲农业的联动；通过休闲农业提升行动，开发差异化区域乡村休闲旅游产品，延长产业链条，将农业价值向旅游、文化产业延伸；以绿色发展为核心，推进农产品区域公用品牌和绿色品牌建设的重要举措。从生产标准化、品牌塑造、质量监管等多方面为绿色品牌和公用品牌的建立提供了支持和保障。

实施农业品牌精品培育计划，建设一批区域公用品牌、企业品牌和优质特色产品品牌。通过品牌的培育和管理，将农产品的产地优势、品种特色和生产优势转化为品牌优势，为县域农业经济发展赋能。区域公用品牌的建立能够增强农产品市场竞争力，推动区域特色农产品走向更广阔的市场。

推进品种培优、品质提升、品牌打造和标准化生产，加快绿色、地理标志和“名特优新”等优质农产品生产基地建设。通过“三品一标”的品种、品质、品牌和标准行动计划，全面提升农产品的质量和品牌形象，建立覆盖全链条的标准化生产和质量分级体系，使绿色品牌成为产品高质量的代名词。同时，通过严格监管和快速检测技术，确保农产品的安全性和绿色属性，提高品牌公信力。借助国际性展会和行业活动，搭建品牌展示和市场拓展的平台，为绿色品牌和区域公用品牌提供更多曝光和交易机会。

区域公用品牌整合区域资源，形成规模效应，有助于推动农产品整体的市场竞争力。绿色品牌则通过高质量和环保特性吸引消费者关注，满足高端市场需求。通过区域公用品牌的协作和绿色品牌的引领，实现农业产业的全面升级，推动乡村振兴中的农业绿色转型。

（2）文化和旅游部通过品牌助力

《关于持续推动非遗工坊建设助力乡

[1] 农业农村部.《关于落实中共中央 国务院关于学习运用“千村示范、万村政治”工程经验有力有效推进乡村全面振兴的意见》.

村振兴的通知》[1]明确在乡村振兴战略的全面推进中，文化振兴是其中的关键环节。乡村文化不仅是乡村的灵魂，也是乡村可持续发展的核心动力。非物质文化遗产作为乡村文化的重要组成部分，承载着丰富的历史记忆、独特的技艺和深厚的文化内涵。非遗工坊作为非遗传承与发展的现代载体，其品牌化建设不仅是文化传承的需要，更是乡村振兴的重要抓手。通过文旅融合、现代传播手段和多元销售渠道，推动非遗工坊品牌化发展，不仅能够提升非遗文化的影响力，还能为区域乡村经济注入新的活力，助力乡村文化振兴。通知提出的区域非遗工坊通过文旅融合方式的具体举措和路径如下。

① 非遗工坊融入旅游景区。非遗工坊通过融入区域旅游景区，能够直接接触游客，提升销售机会。这种融合不仅为游客提供了丰富的文化体验，也为非遗工坊带来了更多的市场机会。例如，在旅游景区内设置非遗工坊展示区，游客可以现场观看非遗技艺的制作过程，甚至参与体验活动。这种沉浸式的体验能够增强游客对非遗文化的理解和认同，同时也提升了非遗工坊产品的文化附加值。

② 打造研学旅游品牌。依托乡村旅游创客基地，推动品牌化非遗工坊建设与区域乡村旅游相结合，培育特色鲜明、体现地方人文的研学旅游品牌。通过开发非遗研学课程，让游客尤其是青少年深入了解非遗文化的内涵和技艺，不仅能够传承非遗文化，还能为乡村旅游业增添新的亮点。例如，一些地方通过非遗工坊与学校合作，开展非遗进校园活动，让学生在实践中感受非遗的魅力，同时也为非遗工坊培养了潜在的消费者。

③ 提升旅游产品文化内涵。将非遗文化融入旅游产品和线路设计中，通过建设非遗体验基地、开发特色文旅商品，丰富县域品牌的文化内涵。以非遗为亮点，推动县域

---

[1] 文化和旅游部办公厅等.《关于持续推动非遗工坊建设助力乡村振兴的通知》(办非遗发〔2021〕221号)，2021.

品牌在文化旅游领域的进一步发展。开发以非遗为主题的旅游纪念品、手工艺品等，不仅能够满足游客的购物需求，还能通过产品传播非遗文化，提升县域品牌的知名度。

综合运用传统媒体和新媒体，讲述乡村非遗工坊产品的文化内涵和工匠精神，进一步增强品牌影响力。

① 短视频与直播的力量。借助现代电商和直播平台，区域性的品牌化非遗工坊产品能够突破地域限制，拓展更广泛的消费市场。通过短视频和直播，非遗工坊可以生动地展示非遗技艺的制作过程和文化内涵，吸引更多的年轻消费者。例如，一些非遗工坊通过抖音、快手等平台进行直播带货，取得了良好的效果。短视频和直播不仅能够展示非遗产品的独特魅力，还能通过互动增强消费者的参与感和购买欲望。

② 社交媒体与品牌传播。综合运用传统媒体和新媒体，讲述乡村非遗工坊产品的文化内涵和工匠精神，进一步增强品牌影响力。支持乡村非遗工坊及相关企业运用短视频、直播等形式讲述产品的地域和民族特色。通过社交媒体平台，非遗工坊可以发布高质量的内容，吸引粉丝关注，形成品牌传播效应。例如，通过微信公众号、微博等平台发布非遗工坊的故事、技艺传承等内容，能够有效提升品牌的知名度和美誉度。

③ 线下活动与品牌展示。线下展会、景区销售进一步增强了产品的文化属性与品牌效应。通过参加各类文化展会、非遗博览会等活动，非遗工坊能够展示其独特的技艺和产品，与消费者进行面对面的交流。这种线下活动不仅能够提升品牌的知名度，还能通过现场销售增强品牌的经济收益。同时，景区内的非遗工坊展示区也是品牌展示的重要平台，现场制作和销售能够有效提升游客的购买意愿。

1.2 县域品牌化的概念与发展

1.2.1 县域的概念与特征

《辞海》认为，“县”指县别，“域”指邦国、地县疆界。自古以来，县作为我国行政区划的基本单元，在国家治理结构中占据着极为重要的地位。其起源可追溯至春秋时期，经过战国时期的逐步发展，至秦汉时期正式确立并推广郡县制，这一制度一直延续至今。在漫长的封建社会中，县始终处于行政区划的末端，是中央政府与基层社会之间的关键连接点。两千多年的历史表明，中央政府对县级政权的治理机制不断优化，愈发科学合理，同时，县级行政单元在国家发展中的重要性也愈发凸显，成为实现“郡县治、天下安”理念的核心环节。

根据2022年12月31日民政部发布的统计数据，我国共有县级行政区2843个（不包括香港、澳门和台湾地区）。

县域的本质含义是具有一定相似性的空间疆域，其具有两个本质特征：一致性与稳定性、差异性与排他性。一致性与稳定性体现在县域内部在地理环境、文化传统、经济发展等方面具有一定的相似性和相对稳定性，这种特征使得县域在治理和发展过程中能够形成相对统一的政策和规划。差异性与排他性则体现在不同县域之间在自然条件、资源禀赋、文化习俗等方面存在显著差异，且各县域在行政管辖范围内具有排他性。

作为区划地理概念，县域还具有以下显著特征。首先，县级区划是一个具有明确边界的特定地理空间，其地界在行政区划上是清晰且固定的。其次，县级政权在行政体系中具有一定的能动性和相对独立性，能够在中央政策的框架内，根据本地实际情况制定和实施具体的政策措施。最后，县域具有独特的人文、地理等地域特色，这些特色是县域文化和社会发展的基础，也是县域品牌建设的重要资源。

从国内生产总值来看，我国国内生产总值的63.4％由县域经济提供。2002年，中共十六大报告中首次指出，发展农产品加工业，壮大县域经济。以县域为微观经济单元的经济发展模式被提上议程。对于县域来说，除传统的农业、手工业等经济产业之外，隶属第三产业的旅游产业能够直接利用各地的现有资源、风土人情，快速产生经济效益，带动就业，在转结构、促发展，特别是促进可持续发展的过程中，发挥着重大作用，因此县域品牌化的建设尤为关键。

1.2.2 县域的历史沿革与形成逻辑

（1）发达国家的郡县建制

在世界主要发达国家中，郡是地方行政管理的重要组成部分。英国在英格兰和威尔士地区共设置了58个行政郡，83个郡级市和259个非郡级市，但在苏格兰和北爱尔兰只设置了比郡的地域小得多的区。美国的郡级行政管理体制，基本上是套用英国英格兰和威尔士地区的地方管理体制。但在目前50个州中，46个州实现郡级建制，共设有3050个郡，各郡的地域面积和人口差距很大。在德国，共设有428个郡，平均人口数在10万～25万之间，面积在500～1500平方公里之间。日本虽然有43个县的建制，但日本实行的是三级行政管理体制，县与都、道、府并列为重要政府下属的二级行政单位，其地位近似于中国的省。

世界主要发达国家郡级政府的职能主要涉及郡域内政治性、社会性和服务性的公共事务，其中主要是侧重于公共事务的管理方面。在公共事务方面，主要承担维护法律秩序、城市规划、公共安全、社会福利、公共救济、公共教育、卫生医疗、环境保护、文化娱乐等。在经济发展方面，仅仅局限在经济发展规划、财政预算、税收管理以及市场监督等宏观领域，一般不涉及区域经济社会发展建设、品牌化规划及产业专业领域建设。

（2）中国县域建制的沿革

中国历来就是县制的国度，早在春秋时期，就建立了县制。当时的“县”与“郡”是同一层级的行政组织，但县的建制要略早于郡。两者的区别在于，“县”一般设在人口稠密、经济相对发达的地区，其职能主要体现在经济方面；而“郡”往往设立在相对偏远的地区，对边远地区进行军事控制是其主要职能。到战国中后期，为了应对人口不断增长和生产规模的不断扩大，开始在“郡”内设“县”，从而逐渐完成“郡”统“县”的地方行政管辖格局。中国县制经历过2000多年的变革，直到中华人民共和国成立之后，对地方行政区划制度进行了统一的、根本性的调整，形成了中央、省（自治区、直辖市）、市（盟、自治州）、县（旗）、乡（镇）五级行政管理体制。

县制作为我国行政区划的核心单元，

展现出极强的稳定性与延续性。尽管其他行政区划的名称、地位以及治理模式在历史长河中经历了诸多变革，但县制的基本架构与功能却得以长期保持。大部分县域的行政区划与边界，依然沿着历史轨迹稳定发展，这种稳定性为县域文化的传承与发展奠定了坚实基础。县域内语言文化、风土人情、生活习惯等的高度一致性，孕育出具有独特地域标识的文化背景，成为县域人文资源的核心要素，蕴含着丰富的品牌化建设潜力。

基于设计学视角下，县域品牌化建设不仅是对县域文化资源的挖掘与整合，更是对县域文化价值的重塑与提升。通过对县域独特文化背景的深入剖析，结合现代设计理念与方法，可以将县域文化转化为具有视觉冲击力与情感共鸣的品牌符号。这些符号不仅能够承载县域的历史记忆与文化内涵，还能在现代传播语境中实现有效传播，增强县域的识别度与影响力。

然而，随着城市化与工业化进程的加速推进，县域面临着前所未有的变革。部分城郊县因靠近大城市而逐渐被纳入城市行政区划，转变为市辖区，一些工业化进程迅猛的县则升级为县级市。这种现代化调整虽然在一定程度上改变了县域的行政格局，但并未削弱县域在中国社会中的重要地位，县域依然是承载国家基本时代发展主题的关键单元。

在这一背景下，县域品牌化建设的重要性愈发凸显。它不仅是对县域文化传承的现代诠释，更是县域在现代化进程中实现可持续发展的关键策略。通过品牌化建设，县域可以将自身独特的文化资源转化为经济发展的新动力，吸引投资、促进产业转型升级，同时提升居民的文化自信与归属感。县域品牌化建设不仅是对传统文化的保护与传承，更是对县域未来发展的战略规划，它将为县域在新时代的舞台上赢得更多发展机遇，助力县域在现代化浪潮中实现文化与经济的双重振兴。

1.2.3 县域品牌概念界定

县域品牌属于区域品牌的分支，县域品牌是特定的区域品牌，因此从“区域品牌”概念界定入手，对县域品牌进行概念界定。

（1）区域品牌概念演变

国内外关于区域品牌的研究最早可以溯源至20世纪60年代，哈佛大学的心理学家指出，产自某地的标签会影响消费者对于品牌的决策，因此许多学者开始探究原产国的相关研究并逐渐将其和区域品牌的研究结合起来。Kotler和Levy于1969年指出，国家促销随着营销的不断发展也应该纳入营销领域的范畴之内进行考察，自此区域品牌才开始与主流营销领域结合起来。Graham Hankinson将区域品牌的研究分为三个阶段：研究产品品牌化、城市形象、目的地形象以及市场营销的领域起源阶段；研究品牌作为资产、区域促销以及目的地品牌化的领域深化阶段；研究公司品牌化、服务品牌化、非营利组织品牌化、内部品牌化以及区域品牌化（目的地品牌化、国家品牌化、地区品牌化以及城市品牌化）的领域拓宽阶段。

（2）区域性品牌（Place Brand）

区域品牌在早期的研究之中指的是“区域性品牌”，该概念最早由Ashworth G.J.提出，指产品限于某区域销售并形成区域市场的品牌。该概念一直较为模糊，因此不同学者对其展开了不同的界定。Kotler的观点是区域品牌是根据某一个特殊的地名进行命名与打造的，能够使人们知晓该地并对通过其对品牌产生较为积极的联想。杨建梅等也认为区域品牌通常具有鲜明的地域特征，蕴含着浓郁的地方特色与文化。

（3）区域品牌化（PlaceBranding）

随着研究的深入，人们逐渐将“区域性品牌”这一狭义的概念拓展到将整个地区作为区域品牌化的对象，即“区域品牌化”。蒋廉雄等认为区域品牌这一概念几乎包罗万象，即是产品又是品牌，甚至也是区域竞争的新战略，认为其是一个复杂的综合体。孙丽辉等指出区域品牌涵盖了多种类型的品牌概念，涉及国家品牌、城市品牌、地区品牌、目的地品牌、旅游品牌以及集群品牌等。田村正纪等将区域品牌化的对象主要归结于三类：地方特产、旅游景区以及旅游景区所在地。旅游景区所在地的概念超越了原有的旅游景区，涵盖了从市町村（相当于我国地级至村级行政区划）到都道府县（相当于我国省、直辖市和自治区一级行政区划）。胡晓云等认为所谓区域品牌指的是人们对一个区域整体内产业等诸多要素的统合评价与认知，目的是通过区域品牌建设达到区域整体共同发展的目的。

（4）县域品牌概念界定

区域品牌这一概念已经由单一产品的品牌化拓展到区域（县域）的品牌化以及

其所拥有的品牌资产这一较为复杂的复合概念。将区域既当作产品又当作品牌，以此达到提升区域协同发展，提升竞争优势的目的。“县域品牌”作为区域品牌的分支，需要借用“区域品牌”中“区域品牌化”的概念。“县域品牌”指的是将整个县域地区作为品牌化对象，即是县级层面的区域品牌，也含有单纯的农产品抑或是旅游目的地，以求达到区域内协同发展目的的区域品牌。

1.2.4 县域品牌建设路径研究的必要性

县域品牌建设研究在乡村振兴的大背景之下显得尤为重要，县域品牌建设的行动在乡村振兴战略的号召下应运而生，具有鲜明的时代意义。同时，县域品牌建设路径研究能够在消费社会之中使得县域成为具象的“符号”，以求消费者对其意义进行消费。但是，目前县域品牌建设也存在松、散、碎的问题，整体还属于粗放发展阶段，存在一些不足，这也是后续县域品牌建设路径研究的方向。

（1）县域品牌助力乡村全面振兴

县域品牌在乡村振兴战略的驱动下不断发展。乡村振兴战略是一个全面的、综合的概念，乡村振兴的目标是乡村的全面振兴[1]，要实现产业兴旺、生态宜居、乡风文明、治理有效、生活富裕的现代化新型乡村。乡村振兴战略的政策优势为乡村品牌建设提供了外生驱动力，各项政策利好促使全国各地为实现乡村振兴进行了多样化的探索，县域品牌建设便是方式之一，此处的乡村是指广义的乡村，是一个广义上的空间地域系统。

---

[1] 中共中央，国务院.《中共中央、国务院关于实施乡村振兴战略的意见》，2018.

县域品牌建设路径的探索又能够反哺乡村的全面振兴。县域作为乡村的重要组成部分，兼顾了生态自然区域与历史文化区域，各个区域都在乡村振兴之中作为重要的资源互相联系，发挥作用，构建城乡协调联动、人地和谐发展的态势。在新时代乡村振兴战略的背景下，县域品牌化设计不仅是地方经济发展的关键举措，更是推动乡村全面振兴的重要抓手。从品牌化设计理论的视角来看，县域品牌化设计涉及产业、文化、生态、组织和人才等多个维度的协同推进。它不仅是对县域资源的整合与优化，更是对县域文化、生态和社会结构的深度挖掘与重塑。本文将从品牌化设计理论出发，探讨县域品牌化设计在多维度振兴中的作用与实践路径。

县域品牌化设计在产业振兴方面的作用主要体现在促进产业融合与高质量发展。县域产业振兴与地域密切相关，产业与品牌紧密相连。品牌作为产业链的高端环节，是乡村产业振兴的重要突破口。县域品牌化设计的核心在于将整个县域视为一个产品进行品牌化，通过整合县域资源，打造具有鲜明在地性与差异性的区域品牌。县域品牌化设计需要从物质基础、制度基础和动力保障三个方面入手。物质基础方面，县域品牌化设计需要依托当地的自然资源、产业基础和文化底蕴，通过设计手段将这些资源转化为具有市场竞争力的品牌资产。制度基础方面，需要建立健全的品牌化设计机制，包括品牌规划、品牌管理、品牌传播等环节，确保品牌化设计的系统性和连贯性。动力保障方面，需要通过政策支持、资金投入和人才引进等措施，为品牌化设计提供持续的动力。县域品牌化设计通过整合第一、第二、第三产业，推动产业融合发展。如通过品牌化设计将农产品加工与乡村旅游相结合，打造具有地方特色的农产品品牌和乡村旅游品牌。这种产业融合不仅提升了农产品的附加值，还带动了乡村旅游的发展，实现了产业的高质量发展。

文化振兴是乡村振兴的重要内容，而县域品牌化设计在文化振兴方面的作用尤为突出。县域品牌的文化内涵与品牌理念根植于乡村的历史与文化之中，品牌是乡村文化的缩影，通过视觉符号、语言符号，以及听觉符号等多种方式展现。随着县域品牌的建设与优化，品牌影响力与传播力不断扩大，促进了乡村文化的弘扬与继承。县域品牌化设计需要深入挖掘乡村文化资源，通过设计手段将其转化为具有市场价值的文化品牌。如通过设计具有地方特色的文化创意产品、节事活动和文化体验项目，将乡村文化与现代消费需求相结合。这种设计不仅能够提升乡村文化的影响力，还能促进文化经济化，使文化成为乡村新的经济增长点。文创品牌的兴盛可以带动当地文脉、乡风、节事习俗的挖掘、弘扬与发展，让乡村文化走出乡村，走向更广阔的空间。同时，乡村文化品牌化走出乡村后，能够与外来文化与现代文化融合碰撞，形成独具特色的乡情社会。这种文化融合不仅能够提升乡村文化的包容性，还能为乡村文化注入新的活力。

生态振兴是乡村振兴的重要目标之一，而县域品牌化设计在生态振兴方面的作用不可忽视。品牌建设与生态资源密不可分，品牌化设计能够带动生态环境的改善，显现县域品牌的生态价值，实现生态价值上的长期正循环。县域品牌化设计需要将生态资源作为核心要素，通过设计手段将其转化为具有市场价值的品牌资产。如通过设计生态旅游品牌、生态农业品牌等，将生态资源与经济发展相结合。这种设计不仅能够提升生态资源的经济价值，还能促进生态环境的保护与改善。县域品牌化设计能够实现县域自然环境、社会环境和生产环境的有机结合，实现县域全面生态宜居的目标，例如通过整肃县域风貌、开发自然资源来营造优美的乡村景观，提升自然环境的品质。同时，县域品牌化设计能够带动宜居生态环境的建设，保障居民生活的基本体验，激发居民的生产与生活热情。

组织振兴是乡村振兴的重要保障，而县域品牌化设计在组织振兴方面的作用尤为关键。品牌化设计不仅是经济行为，更是社会行为，能够通过品牌建设带动复杂而庞大的县域治理工程。通过品牌建设，可以提升县域的治理能力和治理水平，推动乡村治理体系的现代化。这种设计不仅能够提升县域的治理效能，还能促进主流意识形态的传播与弘扬，形成良好的社会风气。

人才振兴是乡村振兴的关键，品牌建设初期存在大量的人才缺口，一方面需要吸引人才，号召乡贤回县，推动“新农人”以及“新型职业农民”实践；另一方面需要促进居民参与自治实践，推动当地居民投入县域品牌的规划与建设之中，并在品牌建设的中后期对居民进行培养，使其能够持续为品牌提供智力、体力乃至精神力量支持。县域品牌化设计需要通过设计手段吸引和培养人才。通过设计具有吸引力的品牌形象和品牌文化，吸引乡贤回乡创业，同时，通过设计参与式品牌建设机制，鼓励当地居民参与品牌建设，提升居民的参与感和归属感。县域品牌化设计能够通过品牌建设激发人才的源头活水。通过品牌建设，可以吸引和培养一批具有创新精神和专业技能的人才，为县域品牌建设提供持续的动力。这种设计不仅能够提升县域的人才素质，还能促进人才的流动与交流，形成良好的人才发展环境。

县域品牌化设计是乡村振兴战略的重要抓手，它在产业、文化、生态、组织和人才等多个维度的振兴中发挥着关键作用。从品牌化设计理论的视角来看，县域品牌化设计需要通过整合县域资源、挖掘文化内涵、改善生态环境、重塑治理体系和吸引培养人才等多方面的设计手段，推动县域的全面发展。通过县域品牌化设计，可以实现县域经济、文化、生态、社会和人才的全面振兴，为乡村振兴战略的实施提供有力支持。因此，县域品牌建设能够带动当地就业，为当地引进优秀人才，推动乡村人才振兴，让各类人才在乡村大施所能、大展才华、大显身手。

（2）品牌化“符号”促进县域发展

如今消费逐渐呈现品牌“符号化”转向，正如鲍德里亚所说，现代社会是消费社会，人们处于符号与意义构筑起的世界之中。文化符号学家卡西尔也表明，人不是生活在一个单纯的物理宇宙之中，而是生活在一个符号宇宙之中。消费与生产也从消费使用价值转向了消费象征价值，相比于产品的功能性，人们更关注建构于产品之上的符号意义。消费者对商品符号产生的长久的迷恋与沉醉，就会产生巨大的消费需求以及持续稳固的消费。品牌本身就是一种符号，县域品牌建设就是一种县域符号化的手段，将具象的县域实体抽象成一个个可视、可听以及可感的符号，并在符号之中注入品牌形象与个性，使得消费者与县域之间产生情感连接。

县域品牌建设作为一种将具象乡村符号化的手段，能够促进县域高质量发展。现阶段，中国社会主要矛盾是人民日益增长的美好生活需要和不平衡不充分的发展之间的矛盾，中国经济已由高速度发展转向高质量发展阶段，人们不再仅仅满足于物质需求，开始追求精神层次的满足。县域品牌建设是县域高质量发展的重要途径，县域品牌建设需要大量的人力与物力，以系统化思维进行统筹规划，可以促进区域内资源联动与配置以及人才引进，提升县域内的农产品、旅游、历史文化以及建筑等资源的附加价值，延伸产业链。同时，县域品牌建设还能够通过丰富的品牌内涵，将县域内的人文风貌等精神财富展现出来，满足消费者的精神需求，从而带动县域更加持续、稳定的发展。

（3）品牌整合成整体促进发展

目前，县域品牌建设处于起步阶段，面临着粗放发展的问题，县域内问题丛生，县域品牌建设整体处于“点”建设阶段，呈现碎片化局面，没有连“点”成“线”，连“线”成“面”，品牌整合一体化的统领性建设有待加强。

县域品牌化设计作为乡村振兴战略的

重要组成部分，是推动县域经济、文化、社会全面发展的关键举措。然而，在当前的县域品牌建设实践中，仍存在诸多问题亟待解决，如下所示。

① 产业松散，县域品牌建设的产业基础薄弱。当前，我国县域经济的发展多依赖于第一产业与第二产业的低附加值生产，第三产业发展相对滞后，且一二三产业之间的关联性较差，联系松散。这种产业格局难以支撑县域品牌建设，因为此类产业仅能生产产品，而无法形成具有市场竞争力的品牌。县域品牌建设的核心在于通过品牌化手段整合县域资源，实现一二三产业的深度融合，形成具有独特价值的品牌体系，然而，目前县域内产业发展缺乏品牌溢价，同质化现象严重，缺乏鲜明的品牌统筹全域协调发展，在区域竞争中难以脱颖而出。

② 传播策略单一，县域品牌建设的传播困境。县域品牌的建设并非单纯的硬件设施改进或乡村风貌提升，也并非品牌基本构成要素建设完毕就结束了。品牌建设完成后，还需要通过多方互联的整合营销传播手段进行推广，将县域品牌推向市场。然而，目前县域品牌建设普遍存在重建设轻宣传的困境，在传播主体、传播内容以及传播媒介上都存在单一化的问题。

③ 品牌意识滞后，县域品牌建设的系统化困境。县域品牌建设需要以系统化的品牌学理论为引领，从品牌定位、品牌设计、品牌传播到品牌维护，形成完整的品牌建设体系。品牌建设不仅是对产品或服务的设计，更是对县域整体形象的设计。通过系统化的品牌建设，可以提升县域的辨识度与美誉度，增强县域品牌的核心竞争力。然而，许多县域在品牌建设的意识上较为滞后，未能真正主动地迎合市场需求。品牌建设的顶层设计缺位，导致品牌建设缺乏前瞻性和长期性，品牌建设不完整也不稳定。县域内居民的品牌意识也较为薄弱，停留在生产的阶段，未能将自身视为品牌建设的主体之一。这种形式化的品牌建设缺乏对县域品牌化深刻内涵的把握，导致“千县一面”的同质

化问题。

县域品牌化设计是推动县域经济、文化、社会全面发展的关键举措，然而，产业松散、传播策略单一、品牌意识滞后等问题制约了县域品牌建设的成效，影响了县域的全面发展。应当从产业融合、多元传播、系统化品牌建设等方面入手，优化县域品牌建设的路径，提升县域品牌建设的科学性与前瞻性。

1.3 国内外县域品牌化的发展与现状

1.3.1 国内外研究现状

（1）国内研究现状与不足

县域品牌化建设是一个复杂的系统工程，涉及文化、经济、政治、生态和社会等多个方面。这些因素相互作用，共同影响县域品牌的形成与发展。因此，在品牌建设和传播过程中，必须以“五位一体”的视角进行综合研究，尤其是要坚持以政治因素作为区域品牌建设的主导因素。随着乡村振兴战略的深入推进，乡村品牌建设逐渐成为学术界和实践界关注的热点。现有研究表明，乡村振兴战略驱动下，乡村品牌建设具有必要性和可行性，乡村品牌的建设也能够带动乡村的全面振兴，二者相辅相成。然而，目前的研究仍存在一些不足。

① 研究对象的局限性。现有研究多聚焦于单一的品牌种类，如蔬菜品牌、农产品品牌等，缺乏对整个乡村区域或聚焦文化、旅游等具体领域的系统性研究。尤其是缺少县域的整合性、系统性品牌化研究。县域品牌化建设需要从整体出发，整合县域内的各种资源，形成具有协同效应的品牌体系。

② 品牌建设路径的系统化不足。现有研究多以传播学、管理学以及政治经济学视角切入，但提到的路径多倾向于具体的方式方法，尚未以品牌学的视角对乡村品牌化经营进行动态、系统的总结与提炼。县域品牌建设需要从品牌定位、品牌设计、品牌传播到品牌维护等多个环节进行系统化设计，形成完整的品牌建设体系。

③ 研究方法的单一性。乡村振兴背景下的乡村品牌研究多采用阐释性的质化研究，较少关于乡村品牌传播效果的实证研究。质化研究虽然能够深入剖析品牌建设的理论基础和实践路径，但缺乏对品牌传播效果的量化分析，难以全面评估品牌建设的实际成效。

县域品牌化建设是乡村振兴战略的重要组成部分，是推动县域经济、文化、社会全面发展的关键举措。然而，当前县域品牌建设仍面临诸多问题，如研究对象的局限性、品牌建设路径的系统化不足、研究方法的单一性等。通过构建系统化的品牌建设体系、加强品牌建设的系统化研究、推动品牌建设的多维度创新，可以优化县域品牌建设的路径，提升县域品牌建设的科学性与实效性。通过多维度的创新与实践，可以实现县域品牌的全面发展，为乡村振兴战略的实施提供有力支持。

（2）国外研究现状

国外最早开始研究区域品牌的是Kotler，他认为地理区域可以像产品或服务等对象一样拥有品牌，品牌的名称以该地理区域本身的名称来命名。Kavaratzis（2005）指出区域品牌的定位应依据品牌概念来明确界定。他认为区域品牌是由多方要素共同作用，对公众大脑产生联想的多维组合，这些要素分别是功能、情感、关系和战略要素。Allen（2007）从公司品牌定义的角度出发，认为区域品牌是政治或地理框架下的产品。DavidA.Aaker在《创建强势品牌》中提到，品牌需要作为系统管理与建设，需要重视其协同效应。21世纪初，Wingler第一次提及“品牌生态系统”概念，指出是品牌与内外部环境要素构成的充满活力、具有一定复杂结构和层次的有机体系。整合营销传播理论由DonE.Schultz首次于《整合营销传播中》提出，马向阳将整合营销传播概念运用到了区域品牌传播之中。PhilipKotler认为品牌像产品一样会经历一个从出生、成长、成熟到最终衰退、消失的过程。

国外学者将农产品区域品牌拆分为“区域名+农产品名”，以此进行界定，ThodeandMaskulla（1998）认为农产品区域品牌通常以“区域名+品类”的形式呈现，在农产品名前加上地理产地的名称，这种命名法能够更有效地传播农产品的风味、口感以及其他特色。

1.3.2 县域品牌化的经验启示

近年来，我国县域文化产业呈现出蓬勃发展的态势，成为推动县域经济、文化和社会发展的重要力量。县域发展不仅体现在文化活动的丰富和文化企业的增多，还体现与农旅等产业的深度融合上，主要经验有如下几点。

① 政府重视与产业意识增强。县域政府对文化产业的重视程度不断提高，意识到农业和旅游产业在县域经济发展中的重要性，积极推动三者的融合发展。政府通过制定政策、提供资金支持、加强基础设施建设等方式，为县域产业的发展创造了良好的政策环境和物质基础。

② 城乡基础设施不断完善。县域城乡基础设施的不断完善，为农文旅一体化

发展提供了有力支撑。县域基础建设逐步夯实，设施的覆盖率和利用率不断提高，为县域品牌化建设运营提供了保障，为旅游业的发展创造了条件。

③ 文化活动丰富多彩。县域品牌文化活动形式多样，包括民族文化、社区文化、民俗文化、节庆文化等，这些文化形式不仅丰富了群众的精神文化生活，也为县域代表文化品牌发展提供了丰富的素材和内容。如湖南凤凰的苗族文化活动、山东曲阜的儒家文化节等，都吸引了大量游客，促进了县域文化旅游产业的发展。

④ 产业初步融合与发展。县域文化旅游、文艺演出、休闲娱乐、传统工艺等品牌多样形式得到发展，文化、农业、旅游的结合也日益紧密，形成了县域特色的乡村旅游、休闲农业等新业态。山西平遥通过古城保护与开发，推动了文化旅游产业的发展，同时也带动了当地农产品的销售和传统手工艺的传承。

县域品牌化建设是整体性工程，将县域特定的区位优势、代表性文化、历史、人文、农产品、活动等有效整合，形成县域品牌。建设县域品牌主要从以下几点出发。

① 加强品牌意识与顶层设计。县域农文旅一体化发展需要加强品牌意识，提升政府和企业对品牌建设的重视程度。通过顶层设计，制定科学合理的品牌建设规划，确保品牌建设的系统性和连贯性。山东曲阜将儒家文化作为核心品牌，打造了多种文化产业业态，形成了完整的品牌体系。

② 推动产业融合与多元化发展。县域需要推动文化与旅游、农业等产业的融合发展，构建多元化的产业结构。通过产业融合，可以提升产业的附加值，增强县域产业的整体实力。湖南省的凤凰县通过文化旅游产业的发展，带动了当地农产品的销售和传统手工艺的传承，形成了多元化的产业格局。

③ 提升品牌传播效果。县域发展的品牌传播需要通过多种渠道和方式，提升品牌传播效果。通过新媒体、社交

媒体、线下活动等多种渠道和社群推送，增强品牌的曝光度和影响力。山西省的平遥县通过举办国际摄影展等活动，提升了平遥古城的国际知名度，吸引了大量国内外游客。

④ 加强品牌维护与管理。通过品牌管理机制的建立，确保县域品牌的稳定性和一致性。通过品牌监测和评估，及时发现和解决县域品牌建设中的问题，提升品牌的市场竞争力。

我国县域品牌发展虽然呈现出良好的发展态势，但与成熟的城市产业相比，仍存在较大差距。县域农文旅一体化发展需要从品牌化建设与设计的视角出发，通过品牌定位、品牌生态构建、品牌整合营销、品牌调整与升级等多维度路径，推动产业的高质量发展。通过加强品牌意识与顶层设计、推动产业融合与多元化发展、提升品牌传播效果、加强品牌维护与管理等优化路径，可以实现县域社会文化经济全面可持续发展，为乡村振兴战略的实施提供有力支持。

1.3.3 湖北省县域品牌化的现状

（1）湖北省县域品牌化的重要基础

① 乡村振兴战略与国家政策支持。湖北省作为长江经济带的重要组成部分，地理位置优越，自然资源丰富，是我国推进乡村振兴战略的重要区域。党的十九大明确提出实施乡村振兴战略，县域品牌化成为落实这一战略的重要抓手。中央文件多次强调以县域为单位推进农业农村现代化，通过品牌化实现资源优化配置和产业升级，湖北省因此获得了品牌化发展重大政策机遇。

近年来，湖北省以打造“一县一品”为导向，通过地理标志保护、农业产业化和文旅融合等手段，加快县域品牌化步伐。潜江的小龙虾品牌、恩施玉露茶品牌均在全国范围内享有较高知名度，成为推动县域经济高质量发展的典范。

② 长江经济带发展战略驱动。湖北省地处长江中游，拥有独特的生态和经济优势，是长江经济带发展的核心区域。国家在《长江经济带发展规划纲要》中提出生态优先，绿色发展的要求，鼓励各地发展生态农业、绿色工业和文化旅游，湖北省的县域品牌化正契合这一发展思路。

特别是在农业和文旅领域，突出生态优势，通过品牌化将优质的自然资源转化为经济效益。如神农架的生态旅游品牌和洪湖莲藕品牌充分体现了生态资源与经济效益的有机结合。

③ 资源禀赋与经济基础。湖北省县域经济以农业为主，同时拥有丰富的文化资源和多样的产业基础，这为品牌化发展提供了广阔空间。湖北省既是“鱼米之乡”，又是非遗文化重地，具有发展农业品牌化和文旅品牌化的双重优势。武当山道教文化、荆州楚文化、三峡自然景观等

资源，为县域品牌提供了丰富的素材。

（2）湖北省县域品牌化的突出特点

① 自然资源禀赋鲜明。湖北省作为“千湖之省”，拥有丰富的生态资源，为县域品牌化奠定了基础。潜江小龙虾充分利用潜江独特的水域生态环境，形成从养殖到加工的全产业链模式，成为全国知名品牌；神农架生态旅游依托世界自然遗产的品牌效应，将生态保护与旅游开发深度结合，树立了湖北县域品牌的绿色形象。

② 文化资源多样深厚。湖北省历史文化底蕴深厚，县域品牌化依托多元文化资源赋能。荆州楚文化通过打造楚文化主题旅游线路，将历史与文化转化为品牌价值；恩施土家族文化结合非遗技艺与茶叶品牌“恩施玉露”，赋予农产品更多的文化内涵，文化与品牌的结合，为湖北省县域品牌注入了独特魅力。

③ 农业品牌化优势突出。湖北省农业资源丰富，地理标志农产品种类众多，如洪湖莲藕、红安苕粉等，在国内外市场具有较强竞争力。通过农业产业的标准化生产和规模化运营，湖北省多个县域构建了以农业为核心的品牌矩阵，如潜江小龙虾，不仅打造了区域特色品牌，还实现了全产业链价值提升。

④ 文旅融合的生态导向。湖北省县域品牌化高度重视绿色发展和文旅融合。神农架、恩施大峡谷等生态旅游品牌，不仅体现了湖北省优越的生态环境，还将非遗文化融入文旅开发，如武当山道教文化和土家族歌舞等品牌，以文化赋能旅游，提升了品牌的传播力和吸引力。

第2章

县域品牌化的理论框架

2.1 品牌化与县域治理

品牌的本质是竞争，品牌即是最大无形资产，能够成为节省市场活动费用的有效手段和增加品牌收入的核心要素。受众对品牌的认知，往往是首先认识品牌的利益、属性体验到品牌的功能定位，再意识到品牌在文化、个性上的独特，最后才领悟到品牌的核心价值。对品牌的塑造，则是以品牌的价值承诺核心，建立品牌文化、品牌个性，定位目标市场，继而设计品牌属性。

2.1.1 品牌化与地方治理的政策背景

党的十九大报告明确提出实施乡村振兴战略，将“产业兴旺”作为实现乡村振兴的重要目标。此后，多份中央文件进一步强调了品牌化在提升县域治理效能、优化产业结构中的关键作用。《国务院关于实施乡村振兴战略的意见》中指出，要深入推进农业绿色化、优质化、特色化、品牌化，推动农业由增产导向向提质导向转变。品牌化不仅为乡村振兴提供经济动力，也为地方治理现代化提供了工具。

政策文件还提出通过品牌化实现“质量兴农”战略。《国务院关于实施乡村振兴战略的意见》强调，要推行标准化生产，保护地理标志农产品，打造“一村一品、一县一业”发展新格局，培育农产品品牌。这些政策内容体现了品牌化在推动乡村产业发展的同时，优化地方治理资源配置、提升治理效率的重要作用。

品牌化为县域治理的现代化提供了具体方向。地方治理的目标不仅在于经济发展，还包括生态保护、社会服务和文化传承等多方面。而品牌化通过资源整合和价值提升，可以在这些领域发挥重要作用。《国务院关于抓好“三农”领域重点工作确保如期实现全面小康的意见》中强调，要加强绿色食品、有机农产品、地理标志农产品认证和管理，打造地方知名农产品品牌，增加优质绿色农产品供给。这种推动绿色农业品牌化的举措，不仅有助于提高县域经济竞争力，还通过完善农业生产的标准化和规范化，优化了农业治理体系。

《国务院关于全面推进乡村振兴加快农业农村现代化的意见》提出，要推动粮食和重要农产品“品种培优、品质提升、品牌打造和标准化生产”，完善全产业链质量安全追溯体系。这不仅涉及品牌化在农业领域的具体应用，也明确了品牌化在技术监管、质量安全和治理效率提升中的关键作用。

品牌化推动了地方多产业融合治理。现代治理需要多产业协同发展，品牌化为此提供了重要支撑。《国务院关于做好2022年全面推进乡村振兴重点工作的意见》明确提出，要促进农村一二三产业融合发展，鼓励农业多功能拓展和乡村多元价值挖掘。具体举措包括支持创建现代农业产业园和农业产业强镇、培育优势特色产业集群，以及发展乡村休闲旅游。这些政策目标通过品牌化手段得以实现，品牌化成为推动地方治理创新的重要工具。

《中共中央 国务院关于学习运用“千村示范、万村整治”工程经验有力有效推进乡村全面振兴的意见》中提出，实施乡村文旅深度融合工程，推进乡村旅游集聚区（村）建设，培育生态旅游、森林康养、休闲露营等新业态。这种通过品牌化推动文旅融合发展的模式，既增加了地方经济收入，也为地方生态治理和文化保护提供了支持。

政策文件强调了品牌化在精准扶贫与乡村振兴协同中的作用。针对脱贫地区，品牌化被赋予了巩固脱贫成果的重要任务。《中共中央 国务院关于做好2023年全面推进乡村振兴重点工作的意见》中指出，要支持脱贫地区打造区域公用品牌，促进农副产品进入更广泛的市场。这种通过品牌化手段连接市场和地方治理的方式，不仅提高了脱贫县的经济自驱力，也增强了地方治理的可持续性。

2.1.2 品牌化与地方治理的理论关联

品牌化与地方治理在理论层面有着紧密的关联性，二者的融合发展不仅为地方经济与社会提供了新的增长点，也为地方治理现代化带来了全新的视角。从治理理论到品牌化理论的交叉点，再到品牌化在治理实践中的作用机制，可以清晰看到品牌化作为地方治理的工具和方法所具有的理论基础和实践意义。

（1）品牌化与地方治理的共同逻辑

品牌化与地方治理在核心目标上高度一致，均致力于推动地方经济发展、增强文化认同感和提升治理效能。《国务院关于实施乡村振兴战略的意见》中指出，要通过品牌打造和标准化生产推动农业农村转型升级。这表明，品牌化不仅能为地方资源赋能，还为治理实践提供了明确方向。

品牌化的理论支撑与地方治理的逻辑高度契合，安霍尔特的地方品牌六边形理论（Place Brand Hexagon）提出，地方品牌需从经济、文化、治理、旅游、投资等多个维度入手，形成多方协同的品牌效应。这一理论与地方治理的多元目标形成了天然的契合，体现了品牌化与治理逻辑的统一性。

（2）地方治理理论对品牌化的支撑

治理理论为品牌化提供了科学的理论框架，特别是在协作治理、参与式治理和网络治理理论中，品牌化作为治理工具的角色愈发凸显。

① 协作治理理论。协作治理强调多方主体的共同参与，品牌化通过整合地方资源和利益相关者，形成了协同治理模式。如湖北省潜江市的小龙虾品牌化建设过程中，政府负责政策引导和市场监管，企业发挥创新驱动作用，当地农户和社区居民成为品牌产业链中的重要组成部分。这种多方协同的品牌化模式充分体现了协作治理理论的应用价值。《国务院关于坚持农业农村优先发展做好“三农”工作的若干意见》中也强调，要支持建设特色农产品优势区和区域公用品牌，这种政策导向为协作治理提供了实践依据。

② 参与式治理理论。品牌化能够通过增强居民的文化认同感和经济参与感，激发地方治理活力。《国务院关于做好2022年全面推进乡村振兴重点工作的意见》提出，要通过“乡村民宿、农家乐”等特色品牌发展，鼓励农民直接经营或参与经营。这种通过品牌化让地方居民从品牌发展中获益的模式，不仅提升了经济效益，还增强了居民对地方治理的认同感。

③ 网络治理理论。网络治理理论强调多主体在治理网络中的合作。品牌化通过跨区域协作、产业联盟和国际推

广等方式构建治理网络。例如，地理标志农产品品牌通过生产合作社、企业和政府的协同治理，实现了品牌的高效运营。《国务院关于实施乡村振兴战略的意见》提出，要“打造一村一品、一县一业”的发展新格局，这种政策目标通过品牌化网络治理得以实现。

（3）品牌化在地方治理中的作用机制

① 资源整合与价值提升。品牌化作为一种系统性的设计与管理策略，通过整合区域内各类资源，显著提升地方治理效率与资源利用价值。《国务院关于全面推进乡村振兴加快农业农村现代化的意见》明确提出，要推动品种培优、品质提升、品牌打造和标准化生产，这一系列举措旨在通过品牌化手段优化农业资源的利用效率。品牌化不仅是一种市场策略，更是一种治理工具，它通过整合分散的农业资源，形成具有市场竞争力的品牌体系，从而推动地方经济的发展。这种资源整合的过程不仅提升了经济效率，还优化了治理结构，使地方政府能够更加科学、高效地配置资源，提升公共服务水平。通过品牌化设计，县域内的自然资源、文化资源和人力资源得以有机整合，形成协同发展的良好局面，为区域治理提供了坚实的物质基础。

② 文化认同与社会凝聚。品牌化在区域治理中的重要作用还体现在文化认同与社会凝聚方面。通过深入挖掘和传播地方文化，品牌化能够显著增强地方居民的文化认同感与社会凝聚力。《关于推动文化产业赋能乡村振兴的意见》中强调，要培育具有民族、地域特色的传统工艺产品和品牌，通过品牌化实现文化保护与创新的双赢。以湖北省荆州市为例，其通过楚文化品牌化建设，举办文化节、非遗传承等活动，提升了楚文化的知名度，增强了居民对本土文化的认同感与自豪感。这种文化认同感为地方治理提供了重要的社会基础，使居民更加积极参与地方事务，形成良好的社会治理氛围。品牌化设计通过文化符号的提炼与传播，将地方文化转化为具有市场价值的品牌资产，不仅保护了传统文化，还推动了文化创新，为区域治理注入了文化动力。

③ 区域竞争力的提升。品牌化作为地方治理中的关键抓手，通过提升区域吸引力，显著促进经济发展与区域竞争力的提升。《国务院关于抓好“三农”领域重点工作确保如期实现全面小康的意见》提出要打造地方知名农产品品牌，增加优质绿色农产品供给。这一政策导向通过品牌化手段提升了区域经济的竞争力，优化了治理能力，增强了地方发展的可持续性。品牌化设计通过塑造具有地域特色的品牌形象，提升了区域产品的市场辨识度与附加值，从而吸引更多资源流入，推动区域经济的高质量发展。通过打造农产品区域公用品牌，不仅可以提升农产品的市场竞争力，还能带动相关产业的发展，形成产业集群效应。这种品牌化驱动的经济发展模式不仅提升了区域经济的活力，还为地方政府提供了更多的财政收入与治理资

源，进一步优化区域治理能力。

④ 治理效率更优化。品牌化通过数字化工具的应用，显著提高了地方治理效率与品牌影响力。《国务院关于做好2023年全面推进乡村振兴重点工作的意见》提出，要推进电子商务进乡村和数商兴农工程，利用数字技术推动品牌化与地方治理的深度融合。这种创新模式不仅提升了治理效率，还扩大了品牌影响力，使品牌化设计与区域治理实现了数字化转型。通过数字化平台，地方政府能够更高效地收集与分析市场信息，精准定位品牌建设的方向与策略。同时，数字化工具也为品牌传播提供了更广阔的渠道，使地方品牌能够突破地域限制，走向更广阔的市场。例如，通过电商平台，地方特色农产品可以直接面向全国乃至全球消费者，提升了产品的市场覆盖面与品牌知名度。这种数字化驱动的品牌化设计不仅优化了治理效率，还为区域治理提供了新的工具与方法，推动了区域治理的现代化进程。

品牌化作为一种系统性的治理策略，通过资源整合、文化认同、竞争力提升与治理效率优化，为区域（县域）治理提供了全新的思路与方法。通过品牌化地方政府能够更好地整合资源、凝聚社会力量、提升经济竞争力，并优化治理能力，实现区域经济、社会与文化的协调发展。

2.1.3 品牌化与治理理论的典型模型

（1）安霍尔特六边形模型

安霍尔特六边形模型为县域品牌化提供了全面且系统的理论框架，可帮助县域在多维度协同发展，打造独具特色的品牌。

安霍尔特六边形模型包含六个关键维度，首先是身份与形象。县域需要明确自身独特的身份定位，挖掘地域特色、历史底蕴、文化底蕴等元素，塑造出鲜明、独特且富有吸引力的品牌形象。

良好的治理是品牌发展的保障，县域需建立高效的政府治理体系，透明、公正、高效的决策机制与公共服务体系，吸引投资与人才，提升居民与游客对县域品牌的信任度。

文化维度是县域品牌的核心内涵。深入挖掘当地传统文化、民俗风情、非物质文化遗产等，将文化元素融入品牌建设，如通过举办文化活动、打造文化旅游产品等方式，使文化成为县域品牌的灵魂。

县域要依据自身资源禀赋，发展特色优势产业，形成产业集群，推动产业升级与创新，提高经济实力与产业竞争力，像“一县一业”模式，围绕某一特色产业打造完整产业链，提升县域品牌在经济领域影响力。

完善基础设施建设，提升教育、医疗、社会保障等服务水平，增强居民幸福感与归属感，良好的社会环境也为品牌发展营造良好氛围，吸引人才流入与长期扎根。

结合地域特色景观、文化资源，打造特色旅游线路与产品，提升旅游服务质量，将县域建设成为旅游目的地，通过游客口碑传播扩大县域品牌影响力。

安霍尔特六边形模型强调六维度协同效应，县域应将其作为品牌建设指南，整合各方资源，实现多维度协调发展，打造具有强大竞争力与吸引力的县域品牌，在区域竞争中崭露头角，实现经济繁荣、文化传承与社会发展共赢的良好局面。

（2）品牌生态系统理论

在乡村振兴与县域经济转型的关键阶段，品牌生态系统理论为县域品牌化提供了系统性路径。该理论强调品牌化是政府、企业、社区与消费者构成的动态平衡系统，与《关于推动文化产业赋能乡村振兴的意见》中打造特色文化产业品牌的政策目标高度契合。

政府是品牌生态的“园丁”。作为县域品牌生态顶层设计者，政府需构建制度框架与政策工具。例如设立“品牌赋能专项资金”，通过税收优惠、创业补贴等政策扶持特色产业，制定品牌准入标准与质量监管体系，确保县域品牌的生命力。

企业是品牌生态的“种子”。县域企业是品牌培育的核心驱动力。通过建立“一企一品”孵化机制，鼓励龙头企业打造高附加值产品，以产业集群模式构建品牌矩阵，形成“区域公用品牌+企业子品牌”的协同效应。

社区是品牌生态的“土壤”。社区作为文化传承的载体，是县域品牌的精神根基。通过“非遗传承人参与式开发”模式，将传统工艺转化为现代消费品，建立“社区品牌共创机制”，让居民成为品牌建设的利益相关者。

消费者是品牌生态的“养分”。消费

者需求驱动县域品牌迭代升级。通过“体验式消费场景”建设，将县域品牌与文旅融合，建立“消费者反馈闭环机制”，利用大数据分析实现精准营销。

县域品牌化需摒弃单点突破思维，构建多方协同的有机生态。政府精准扶持，企业创新转化，社区深度参与，消费者价值共创，方能培育出具有全球竞争力的县域品牌集群，在乡村振兴中实现文化、经济与社会价值的多重跃升。

2.2 县域品牌化与设计治理

2.2.1 设计治理的理论基础

2016年，英国城市学者马修·卡莫纳（MatthewCarmona）率先提出“设计治理”概念，定义为：“The process of state-sanctioned intervention in the meansand processes of designing the built environment in order to shape both processes and outcomes in a defined public interest”，即设计治理作为一种国家认可的对建筑环境设计方法和过程进行干预的机制，旨在塑造符合公共利益的过程和结果。这一理论由马修·卡莫纳等学者在《城市设计治理》一书中进行了系统阐述，认为设计治理的核心在于构建由政府、公众、市场、专家等多元主体组成的行动和决策体系。卡莫纳在书中提出反思：“为什么我们总是设计品质不达标的场所？”并指出城市设计的解决方案应因地制宜，考虑利益相关者的不同愿景，而非简单的“一刀切”。

设计治理的认知、目标和运作因各地政策、市场、公众基础的不同而存在差异，但其三个基本特征始终保持不变。首先，设计治理始终代表公众利益，追求公众利益最大化；其次，设计治理具有多元化的环境、目标、方法与过程；最后，政府在设计治理体系中仍然肩负主导责任。在具体的设计治理实践中，体现了由“设计控制”向“设计治理”的重要转向，将公权力分配给公众，并在复杂的设计治理环境中维持治理的动态平衡和可持续发展，追求更完善的设计成果。

设计治理与品牌化之间存在深刻的内在逻辑关联。首先，两者都强调多元主体的参与和协作。品牌化建设同样需要政府、企业、公众、专家等多方参与，通过协同合作实现品牌价值最大化。其次，两者都追求长期价值和可持续发展。设计治理关注场所的持续发展和品质提升，而品牌化则致力于构建持久的品牌价值和影响力。再次，两者都重视公众利益和社会效益。设计治理以公众利益为核心，品牌化则通过提升公众认知和认同来实现品牌价值。

在县域品牌化建设中，设计治理的理念和方法具有重要的指导意义。通过引入设计治理的多元参与机制，可以更好地整合县域内的各种资源，形成品牌建设的合力。设计治理强调的连续性和动态性，也为县域品牌化建设提供了新的思路——品牌建设不应是一次性的项目，而应是一个持续的过程，需要不断调整和优化。此外，设计治理追求的公共利益最大化，与县域品牌化建设的目标高度契合，都致力于提升区域整体价值和居民福祉。

具体而言，设计治理可以从以下几个方面促进县域品牌化建设：第一，通过多元主体参与，形成品牌建设的共识和合力；第二，通过持续的治理过程，确保品牌建设的长期性和稳定性；第三，通过公共利益导向，确保品牌建设的社会效益；第四，通过动态调整机制，使品牌建设能够适应市场变化和发展需求。这种基于设计治理的品牌化建设模式，不仅能够提升县域品牌的竞争力，还能够实现经济、社会、文化、生态等多重效益的统一。

设计治理与品牌化在理念、方法和目标上具有高度的一致性。将设计治理的理念和方法应用于县域品牌化建设，不仅能够提升品牌建设的科学性和有效性，还能够实现品牌建设与区域治理的有机结合，为县域高质量发展提供新的路径和模式。

卡莫纳（2016）综合上述研究提出了设计治理的概念，他认为设计治理的价值目标和认知因地而异。卡莫纳进一步阐释了设计治理的内涵，强调其包含四个核心维度：一是工具与管理，他指出有效使用和管理相关工具是塑造积极高效决策环境的关键；二是过程与产品，城市设计的结果与过程同等重要，二者缺一不可；三是正式与非正式的工具与过程，在不同的制度背景下，正式与非正式手段需达到动态平衡；四是直接或间接形式的城市设计，通过多元路径来塑造高品质的设计成果。

而在县域治理层面，设计治理的应用体现为政府、企业、公众等多元主体协同参与，通过正式制度安排与非正式协商机制，推动区域品牌化设计与治理的深度融合。县域品牌化设计不仅关注视觉符号和传播策略，更强调通过设计治理优化资源配置、提升文化认同、增强区域竞争力。设计治理为县域品牌化提供了系统化的方法论支撑，确保品牌建设过程科学、民主、可持续，最终实现区域品牌价值与治理效能的双重提升。

2.2.2 县域品牌化与设计治理

在县域经济高质量发展的新时代背景下，品牌化成为县域经济转型与乡村振兴的关键路径。而马修·卡莫纳提出的设计治理理论，为县域品牌化与县域设计深度融合，提供了系统的理论框架与实践指引。

（1）设计治理理论对县域品牌化的启示

当前，我国县域品牌化呈现出多样化的发展态势。许多县域通过挖掘自身特色资源、历史文化等，打造了一批具有地方特色的品牌。然而，县域品牌化也面临着诸多挑战。一方面，品牌建设缺乏系统性与长远规划，往往局限于短期的经济效益，忽视了品牌对县域整体形象与可持续发展的提升作用。另一方面，品牌建设过程中缺乏多元主体的协同参与，政府、企业、社区等各方利益协调难度较大，导致品牌建设动力不足、资源浪费等问题。

① 以公共利益为导向，明确品牌价值定位。设计治理强调代表公众利益、追求公众利益最大化，这为县域品牌化提供了价值指引。县域品牌建设应深入调研公众的需求与期望，包括当地居民、游客、投资者等，将公众利益融入品牌价值体系。在打造县域旅游品牌时，充分考虑游客对自然风光、历史文化、民俗风情的体验需求，以及当地居民对经济发展、生活质量提升的期望，将品牌定位为“生态文化旅游胜地”，通过发展生态旅游、民俗文化体验等产业，实现了公众利益与县域经济的双赢。

② 构建多元主体协同机制，汇聚品牌建设合力。设计治理的多元化特征启示，县域品牌化要打破单一主体主导的局限，构建政府、企业、社区、公众等多元主体协同参与的机制。政府发挥主导作用，制定品牌战略规划、政策支持体系，引导资源向品牌建设倾斜；企业作为品牌运营的主体，加大品牌创新投入，提升产品与服务质量；社区积极参与品牌文化传播与推广，发挥纽带作用；公众则通过参与品牌监督、反馈等活动，为品牌建设提供动力。如在某县特色农产品品牌建设中，政府出台品牌扶持政策，企业提供优质农产品，社区组织农民参与品牌宣传与培训，消费者通过口碑传播扩大品牌影响

力，形成了多方协同、共建共享的良好局面。

③ 运用多样化治理工具，提升品牌建设效能。设计治理强调工具与管理的重要性，为县域品牌化提供了丰富的工具选择。正式的治理工具如法律法规、政策文件等，为品牌建设提供了制度保障。出台政府制定品牌保护条例，打击假冒伪劣产品，维护品牌声誉。非正式的治理工具如行业自律、社区规范等，能够弥补正式制度的不足，发挥柔性约束作用。同时，借助现代信息技术工具，如大数据、互联网平台等，实现品牌精准营销、舆情监测与管理，提升品牌建设的效率与效果。

④ 注重品牌建设全过程治理，实现可持续发展。设计治理关注过程与产品、正式与非正式工具的平衡，以及直接或间接形式的设计，都要求县域品牌化注重全过程治理。从品牌策划、设计、推广到维护与更新，都要进行精细化管理。在品牌策划阶段，充分调研市场与公众需求，确定品牌定位与发展方向；在品牌设计阶段，融入地域文化、自然景观等元素，打造独特品牌形象；在品牌推广阶段，综合利用多种营销渠道与方式，提高品牌知名度与美誉度；在品牌维护与更新阶段，根据市场变化与公众反馈，及时调整品牌策略，保持品牌的活力与竞争力。

（2）县域品牌化的设计治理路径

① 加强顶层设计，完善品牌治理制度体系。县域政府应立足本地实际，制定科学合理的品牌发展战略规划，明确品牌建设的总体目标、重点领域与实施步骤。建立健全品牌政策法规体系，加强对品牌知识产权的保护，规范品牌市场的竞争秩序。同时，设立品牌建设专项资金，为品牌培育、推广、保护等提供资金支持。制定品牌奖励办法、品牌保护条例等配套政策，为品牌建设提供了有力的制度保障。

② 搭建协同平台，促进多元主体互动合作。建立政府主导、品牌主体、社会组织和公众共同参与的品牌建设协调机构，负责统筹协调品牌建设中的重大问题。搭

建品牌交流合作平台，组织各类品牌建设研讨会、培训会、招商会等活动，促进政府、品牌、社区、专家等之间的信息沟通与资源共享。成立品牌建设促进会，定期举办品牌建设论坛，邀请专家学者、企业代表、社区干部等共同探讨品牌发展路径，推动了品牌建设的协同共进。

③ 强化公众参与，提升品牌建设的社会认同感。拓宽公众参与品牌建设的渠道，通过问卷调查、听证会、网络平台等方式，广泛征求公众对品牌建设的意见与建议。鼓励公众积极参与品牌文化传播、品牌监督等活动，增强公众对品牌的归属感与认同感。在县域品牌形象设计过程中，可以开展品牌代言等各类活动，吸引广大居民参与品牌视觉设计、宣传口号创作等，提高公众对品牌建设的参与度与积极性。

④ 优化品牌设计，彰显县域特色与魅力。深入挖掘县域的历史文化、自然资源、民俗风情等特色元素，将其融入品牌设计理念中，打造具有地域特色的品牌形象。注重品牌设计的系统性与连贯性，实现品牌名称、标识、宣传语、包装等要素的有机统一。同时，根据不同的目标市场与消费群体，进行差异化品牌设计，提高品牌的市场适应性。以当地独特的山水景观与传统文化为灵感，设计系列县域品牌形象标识，并应用于县域景观、公共设施、旅游产品等方面，提升县域的品牌辨识度与美誉度。

⑤ 加强监测评估，确保品牌建设的持续改进。建立健全品牌建设监测评估指标体系，从品牌知名度、美誉度、市场占有率、经济效益、社会效益等多个维度对品牌建设效果进行量化评估。定期开展品牌建设绩效评价，分析品牌建设过程中存在的问题与不足，及时调整品牌发展战略与策略。委托专业机构对县域品牌建设进行年度评估，根据评估结果，优化品牌推广渠道，改进产品服务质量，推动品牌建设的持续改进与提升。

设计治理理论为县域品牌化设计，提供了全新的视角与理论支撑。在实践中，县域需充分运用设计治理的理念与方法，加强顶层设计，构建多元主体协同机制，注重全过程治理与多样化工具运用，实现品牌建设的可持续发展，提升县域的综合竞争力与品牌形象，推动县域经济社会高质量发展。

2.2.3 县域品牌化与设计治理案例

（1）国内案例

① 山耕品牌。浙江省丽水市的“山耕品牌”通过农业品牌化的方式，将绿色生态优势转化为经济竞争力，成为县域品牌化与设计治理融合的典型实践。丽水以“绿水青山就是金山银山”理念为指引，在设计治理中营造了独特的品牌生态系

统。在设计治理环境方面，丽水生态资源丰富，但经济基础薄弱，“山耕”品牌建设成为突破口。在治理目标上，当地政府明确提出通过品牌化带动农业产业升级，实现绿色经济发展和乡村振兴。丽水市政府主导品牌战略规划，企业和农户共同参与，通过制定“丽水山耕”质量标准和评定机制确保品牌一致性和市场竞争力。在治理工具上，当地利用视觉设计提升品牌吸引力，例如推出统一的品牌标志和包装设计，通过“生态优先”理念传递绿色农业价值，同时以品牌推介会、农博会等非正式工具增强品牌的公众认知度和影响力。

② 酒文化品牌。贵州省仁怀市以“茅台酒镇”为核心打造的酒文化品牌，体现了工业品牌化与设计治理的深度结合。仁怀市是全国白酒生产的重要区域，以茅台酒为代表的传统酿酒文化是其重要的品牌资源。仁怀市将“酒文化品牌”建设作为地方治理的重要抓手，提出通过品牌化实现白酒产业高质量发展，并带动酒文化旅游产业的协同推进。仁怀市政府与茅台集团密切合作，结合多家中小型酒企，形成了品牌化的协同治理机制。政府出台《仁怀市酒文化产业发展规划》，规范品牌化路径，同时通过“茅台文化节”、酒文化博物馆等非正式工具，向公众传递茅台酒的历史价值和品牌文化。

③ 文旅品牌。甘肃省敦煌市以“丝绸之路”和“莫高窟文化”为核心的文旅品牌化，是设计治理与文化保护深度融合的成功案例。敦煌市历史文化资源丰富，但其地理环境和经济基础相对薄弱，依赖文旅产业品牌化发展以推动区域经济转型。治理目标是以“文化为核心、旅游为载体、品牌化为路径”，提升敦煌市的国际文化影响力。敦煌市政府联合敦煌研究院、旅游企业和设计机构，形成了多主体协作机制。通过引入数字化设计治理工具，例如数字敦煌项目，建立虚拟现实体验和在线文旅传播体系，向公众展示敦煌艺术魅力。敦煌市积极抢抓“一带一路”建设机遇，采取制定冬春旅游优惠政策、加强文旅宣传促销、

完善文旅基础设施、提升服务质量、新开加密航线航班、丰富文旅业态等多项措施，推动文化旅游深度融合发展，促进了文化旅游经济高质量发展。

（2）国外案例分析

① 一村一品。一村一品是日本设计治理与品牌化结合的经典案例，由大分县知事平松守彦在20世纪80年代发起，其核心目标是通过乡村品牌化实现经济振兴和文化传承，至今仍对全球乡村振兴和品牌化实践产生重要影响。日本农村在经济高速发展时期遭遇严重衰退，人口减少和经济单一化是主要问题。地方政府逐步意识到，通过设计赋能品牌化，能够激活乡村独特资源，实现区域经济的可持续发展。治理目标方面，一村一品的总体目标是打造各村镇的特色品牌，通过品牌化提升地方竞争力和经济活力，具体目标包括推动地方传统手工艺、特色农业和加工产业的现代化发展。在治理系统中，地方政府发挥了核心推动作用，通过对地方文化和自然资源的重新定位，形成了各村镇独特的品牌。大分县的柚子胡椒、宇佐市的传统竹工艺等均通过设计强化了品牌的文化内涵和市场竞争力。在治理工具上，政府通过补贴、技术支持和宣传推广等正式工具扶持品牌建设，同时通过展会、品牌评选等非正式工具扩大品牌影响力。一村一品成功带动了日本地方经济的发展，许多乡村的特色品牌走向国际市场，显著提升了当地居民的收入。同时，该运动还增强了地方居民的文化认同感和社会凝聚力，使品牌化成为解决乡村治理难题的创新路径。

② 城市品牌。丹麦的哥本哈根以设计治理为核心，塑造了以绿色生活为主题的城市品牌，通过品牌化成功提升了城市国际吸引力和可持续发展水平。哥本哈根长期重视绿色经济和生态治理，其政策环境支持可持续设计和创新文化，这为城市品牌化提供了良好的外部条件。治理目标上，哥本哈根致力于成为全球最绿色和最宜居的城市，其总体目标是推动生态发展和城市吸引力提升，具体目标包括推广自行车文化、建设零碳社区和提升公共空间设计质量。

地方政府、企业和社区形成多主体协作机制，共同参与城市品牌塑造。通过绿色设计指南等正式工具指导建筑设计和公共空间改造，确保设计治理符合绿色城市品牌的总体定位。同时，利用国际展会、纪录片等非正式工具推广品牌形象，如在2014年哥本哈根被评为绿色首都后，哥本哈根通过举办绿色建筑论坛进一步提升了国际影响力，不仅吸引了大量国际投资，还被评为全球最宜居城市之一，其绿色城市品牌塑造了良好的生态文化氛围，同时吸引了高端人才和企业落户，成为设计治理与品牌化结合的成功典范。

③ 文旅品牌化。意大利托斯卡纳地区以葡萄酒与艺术文化为核心的文旅品牌化，是设计治理赋能县域品牌建设的代表性案例。托斯卡纳是意大利的重要农业和文化区，其经济发展长期依赖农业和旅

游业。面对全球化竞争，地方政府认识到通过设计治理提升品牌价值是实现区域经济升级的重要途径。治理目标上，托斯卡纳的总体目标是以“美酒与艺术”为主题，将其打造成世界级文旅品牌，具体目标包括加强地理标志保护、发展葡萄酒旅游和推广文化遗产。

治理系统中，地方政府与葡萄酒生产商、文化机构和社区居民密切合作，共同推动品牌化进程。通过制定地理标志认证制度和葡萄酒质量标准，确保品牌价值的规范性和一致性。同时，通过葡萄酒节、艺术展览等非正式工具，丰富品牌文化内涵并提升品牌传播力。治理效能显著，托斯卡纳的葡萄酒品牌如“基安蒂（Chianti）”成为全球知名产品，每年吸引数百万游客。文旅品牌化的成功不仅促进了区域经济增长，也推动了文化遗产的保护与传承，成为设计治理与品牌化结合的经典范例。

2.3 湖北省县域品牌化的理论模型

2.3.1 县域品牌化模型基础

县域品牌建设缺乏系统化的品牌意识会导致品牌建设流于表面，缺少顶层设计，居民品牌意识薄弱等问题，而这些问题的解决归根到底都需要科学的品牌理念指导，通过品牌模型的建立培养县域整体的品牌思维。在学者胡晓云提出的中国农业品牌传播策略模型、新型乡村经营路径以及修武县县域品牌建设实践的基础上，笔者总结提炼出了县域品牌建设模型，试图通过该模型为县域品牌的各个主体提供可以依靠的理论依据，使县域品牌建设稳定持久。县域品牌建设需要分为三个时期，分别是品牌规划、品牌传播以及品牌维护与升级，三个时期整体上是自左到右的时间纵向递进关系，但是三者又不是全然独立的关系，偶尔存在交叉，三个时期在品牌传播完毕后会进入循环，品牌规划完成后，通过传播与消费者反馈，品牌进行维护与升级，会对品牌规划的内容进行细微调整。

县域品牌规划需要政府主导。目前我国县域品牌建设的主导模式主要分为三种，分别是政府主导、市场主导以及行业主导，但目前我国乡村市场化程度不高，市场经济发展不成熟，行业协会在乡村之中的定位与作用不够明朗，因此我国县域品牌建设目前比较合适的建设模式是政府主导的品牌建设模式，政府主导的品牌建设能够从顶层设计出发进行品牌规划前置与整体品牌建设，统筹全县的人力与物力资源，为品牌建设提供强力的政策与法律保证。

首先，县域品牌规划时需要深挖县域内的各类可开发资源，结合自身县域的优势与劣势，从中高度提炼出符合县域特色的品牌定位。其次，县域品牌需要紧扣品牌定位进行县域母品牌的识别设计，从理念识别、视觉识别以及行为识别三个部分入手进行设计。最后，品牌生态群落的建设也需要紧扣县域品牌的定位与识别设计，开始对相关子品牌统筹规划，县域子品牌可以紧扣文化、经济、政治、生态以及社会五个方面进行构思，从这五方面构建的县域品牌生态群落不仅能够打造县域品牌的立体化形象，还能促进乡村的全面振兴。

县域品牌传播需要协同多方传播主体。通过整合营销传播，将一切传播活动统合在一起，将一致的品牌信息传递给消费者。具体而言就是采取主流媒体为轴、体验营销为翼的传播策略。主流媒体主要分为第三方媒体与自建融媒体矩阵两种，体验营销部分重要分为场景营销与节庆营销，这两种营销方式都诞生于体验经济浪潮之下，都属于体验营销的类型。县域内的场景营销通过选取对象、颜色、声响等手段营造出带有某种感受特质的场景。乡村的节日可以为当地居民提供娱乐，还可以促进区域文化凝聚力，将居民、游客以及各方组织者凝聚在一起。节事营销对文化和工业活动都有很好的促进作用，促进当地经济活动的同时能够强化当地特色，给消费者带来不同的思维和感官的体验。

在品牌规划与传播完毕后，县域品牌需要及时对品牌进行维护与升级。品牌维护主要分为两个方面：一是维护品牌形象，对品牌出现的负面信息及时进行公关，对品牌山寨现象及时制止；二是维护与消费者关系，通过定期举办座谈会、音乐会以及建立微信群等关系营销手段维护私域流量，与消费者建立长期联系。品牌升级也分为两方面：一是品牌根据日常传播中的反馈对品牌进行细微的调整与升级，例如更换包装、调整标识与标语等；二是品牌进入衰退期后进行的品牌升级行为，品牌通过横向扩展种类或是纵向增加品牌不同的价格定位进行升级，如果仍然无法拯救，则需要退出市场。

2.3.2 湖北省县域品牌化模型的构架

湖北省作为中国中部的重要省份，地理位置优越，自然资源丰富，文化底蕴深厚，在县域品牌化发展中具有得天独厚的条件。然而，由于市场化水平不高、品牌建设缺乏系统性和专业性，县域品牌化过程中面临顶层设计不足、资源整合有限、品牌认知度不高等问题。因此，构建符合湖北省县域实际的品牌化模型，需以品牌化与设计治理的理论基础为指导，通过顶层设计、生态整合与动态调整，探索县域经济与文化发展的新路径。

① 品牌化理论为湖北县域品牌建设提供了核心逻辑框架。品牌化是将区域资源转化为具有识别度和经济效益的品牌资产的过程，其关键在于明确品牌的核心价值，通过精准传播和多维度运营，形成具有竞争力的区域品牌。胡晓云提出的中国农业品牌传播策略模型为此提供了理论支持，该模型强调资源挖掘与品牌定位的重要性，并通过构建品牌生态系统实现资源的多维度整合。湖北省县域品牌化应围绕其优势资源，如神农架生态资源、潜江小龙虾产业、荆州楚文化，来提炼品牌核心价值，为后续品牌传播和维护奠定基础。

② 设计治理理论为县域品牌化提供了系统性操作路径。设计治理强调通过多主体协作，实现品牌从规划到传播的全链条设计，以动态调整应对复杂的市场和社会需求。湖北省县域品牌化中，政府主导是不可或缺的一环。由于湖北省部分县域市场化程度较低，行业协会作用尚未充分发挥，政府主导的顶层设计可以整合资源、规范市场行为，并以政策和法律保障推动品牌建设。同时，设计治理中的品牌生态理念尤为适用于湖北省的县域品牌化实践——通过构建母品牌与子品牌联动机制，不仅能提升品牌的立体化形象，还能促进县域经济、文化、生态等多维度的协同发展。

③ 湖北省县域品牌化需借鉴生命周期理论，实现品牌的可持续发展。品牌生命周期分为导入期、成长期、成熟期和衰退期，每一阶段均需采取针对性的策略。湖北省县域品牌在规划和传播阶段要注重核心品牌的识别设计和市场渗透，而进入维护与升级阶段后，则需通过动态调整延长品牌生命周期。例如，恩施硒茶在成长期通过统一质量标准和强化传播实现品牌快速增长，而在品牌成熟期则可通过包装升级和体验式营销延续品牌吸引力。

④ 湖北省独特的资源禀赋与发展需求为品牌化模型提供了鲜明的区域特性。作为鱼米之乡，其拥有丰富的农业资源，同时地处长江中游，文化与历史遗产深厚。这为县域品牌化提供了天然的素材库。以生态文化为核心，结合地域特色和产品创新，湖北省县域品牌可通过品牌化实现乡村振兴与区域经济增长的双重目标。

湖北省县域品牌化的理论基础包括品牌化理论、设计治理理论和生命周期理论的综合运用，同时充分结合湖北的实际资源禀赋和区域发展需求。这一理论基础为县域品牌化模型的构建提供了科学依据，也为湖北省各县域在品牌化道路上的实践指明了方向。

2.3.3 湖北省县域品牌化模型的结构

湖北省县域品牌化模型的结构主要围绕品牌规划期、品牌传播期、品牌维护与升级期三个阶段展开。这一模型具有动态性和系统性特点，各阶段相互关联，通过循环迭代，不断提升品牌竞争力和区域影响力，推动湖北省县域经济和文化的可持续发展。

（1）品牌规划期

品牌规划期是湖北省县域品牌化的起点，其核心任务是通过顶层设计和资源挖掘，明确品牌的核心定位，构建品牌的母品牌与子品牌体系。湖北省县域品牌化以“政府主导”为基本建设模式。由于湖北省部分县域市场化发展不成熟，行业协会在品牌建设中作用有限，政府主导模式能够整合县域资源，为品牌建设提供政策支持和法律保障。

品牌规划的第一步是深入挖掘县域内的独特资源，结合县域优势与劣势，提炼品牌核心定位。如神农架县以其独特的自然资源为基础，定位“生态旅游品牌”；潜江市则依托小龙虾产业，打造“龙虾之都”的品牌形象。在品牌定位基础上，需要完成母品牌的识别设计，包括理念识别、视觉识别和行为识别。理念识别明确品牌价值观和核心愿景，视觉识别通过标志、色彩和设计元素增强品牌识别度，行为识别则规范品牌传播与执行的具体行为。

此外，品牌生态群落的构建也是品牌规划期的重要环节。湖北省县域品牌应以母品牌为核心，围绕经济、文化、生态等领域发展相关子品牌。如恩施州的“硒资源”母品牌延展出硒茶、硒稻等子品牌，通过多维度的品牌联动，打造品牌的立体化形象，同时促进县域内各产业的协同发展。

（2）品牌传播期

品牌传播期是品牌与消费者、市场建立联系的关键阶段，其目标是通过多渠道传播提高品牌知名度和影响力。

湖北省县域品牌传播的核心在于协同多方传播主体，实现整合营销传播。一方面，主流媒体如人民日报、央视等能够赋予品牌较高的公信力与权威性。另一方面，湖北省各县域还需要建立自建融媒体矩阵，包括微信公众号、抖音短视频等，实现精准传播与互动营销。

湖北省县域品牌传播的另一重要策略是体验营销，分为场景营销和节庆营销。场景营销通过视觉、听觉、触觉等感官设计，为消费者营造沉浸式体验，例如，神农架生态旅游品牌在景区中打造独特的绿色景观与自然声效场景，传递“人与自然和谐共生”的品牌理念。节庆营销则通过品牌化的地方节日活动增强互动性与传播力，例如潜江国际龙虾节不仅宣传了“小龙虾”产业，还将地方文化与品牌价值相结合，为品牌传播注入更多文化内涵。

（3）品牌维护与升级期

品牌维护与升级期是湖北县域品牌实现可持续发展的保障，其核心在于通过动态调整延长品牌生命周期，同时保持品牌与消费者的紧密联系。在品牌维护方面，需要从形象维护和消费者关系两个层面入手。品牌形象维护要求针对负面舆情进行及时公关处理，防止品牌声誉受损，同时，加强知识产权保护，杜绝山寨品牌的出现。在消费者关系维护中，通过微信群运营、座谈会、社群活动等方式，增强消费者黏性并培养品牌忠诚度。

品牌升级则包括日常优化与生命周期延续两个层次。日常优化基于市场反馈，对品牌包装、标志和传播策略进行微调。如恩施硒茶通过更新包装设计迎合年轻消费群体，提升品牌吸引力。生命周期延续则针对品牌进入衰退期的情况，通过扩展产品种类或纵增加品牌价格梯度，为品牌注入新活力。

湖北省县域品牌化模型的三大阶段并非孤立，而是形成了动态循环关系。在品牌传播期结束后，品牌会根据市场反馈进入维护与升级阶段，调整后的品牌理念与定位将反馈至规划期，进一步优化顶层设计。这种循环机制能够保证湖北省县域品牌适应市场变化，保持生命力和竞争力。

2.3.4 湖北省县域品牌化模型的应用

湖北省县域品牌化模型不仅强调顶层设计和执行策略，还重视在实际操作中构建高效的应用机制，以确保品牌建设的科学性和可持续性。结合湖北省县域资源禀赋与发展需求，该模型的应用机制主要包括品牌生态协同机制、反馈优化机制和政府与市场联动机制，三者共同作用，推动县域品牌化取得实际成效。

（1）品牌生态协同

品牌生态协同是湖北省县域品牌化的核心应用机制，其重点在于母品牌与子品牌间的联动发展，形成品牌生态群落，推动县域经济和文化的多维协同。母品牌作为县域整体品牌的核心，集中体现地方资源、文化和产业特色，而子品牌围绕母品牌在细分领域进行延展，共同形成品牌整体形象。

在湖北省各县域可结合实际情况构建品牌生态。如恩施以“硒资源”为母品牌，通过子品牌开发覆盖茶叶、农副产品、文旅体验等多个领域，构建完整的生态体系。通过明确母品牌的价值核心，整合县域内不同产业资源和文化内涵，各子品牌在独立发展的同时，共同强化母品牌的整体认知度与吸引力。此外，子品牌与母品牌间需要在视觉设计和传播理念上保持一致，形成品牌联动效应，从而提升县域品牌的整体竞争力和市场渗透力。

（2）反馈优化

反馈优化机制通过市场反馈和消费者互动，为县域品牌建设提供动态调整依据。这一机制强调品牌在规划、传播和维护三个阶段中的持续优化能力，从而增强品牌的适应性和生命周期的延续性。

湖北省县域品牌在品牌传播过程中应注重与消费者的双向沟通。如潜江小龙虾品牌通过线上线下消费者问卷收集意见，对龙虾节活动内容、品牌包装设计进行实时调整，确保品牌传播符合消费者需求。同时，在维护与升级阶段，品牌管理方需定期开展消费者满意度调查，收集市场反馈信息，对产品质量、品牌形象、服务体验等进行全面优化。通过这种动态调整机制，湖北省县域品牌能够及时发现问题并采取针对性解决措施，避免品牌形象受损或市场竞争力下降。

（3）政府与市场联动机制

湖北省县域品牌化的实际推进离不开政府与市场的紧密联动。政府作为品牌化的主要推动主体，负责提供政策支持和资源整合，而市场则通过企业、行业协会和其他社会力量参与具体实施，共同提升品牌效能。政府需要从政策层面为品牌建设提供保障。如神农架通过政府出台政策明确生态保护标准，为品牌绿色生态定位提供背书。同时，政府可通过专项资金支持品牌设计、宣传和运营，为品牌建设提供初期资金保障。在市场方面，企业和行业协会则需要结合市场需求，具体推进品牌产品的生产、营销和推广。如荆州楚文化品牌在文创产品开发中，依靠市场主体挖掘文化内涵并设计具有市场吸引力的产品，与政府的整体品牌宣传形成合力。

此外，政府与市场的联动机制还需重视合作平台的搭建，举办品牌推介会、产业博览会等活动，为县域品牌的宣传和资源整合创造更多机会。通过这种联动机制，政府的顶层设计与市场的灵活执行能够有效结合，推动湖北省县域品牌化的高效运行。

第3章

县域品牌体系的构建

3.1 县域品牌体系研究概述

县域品牌化文献数据分析，一般集中于品牌化之旅游和农产品研究较多，涉及县域公共品牌和公用品牌的专门系统体系构建研究较少，但对于县域品牌的公共、公用品牌体系构建具有一定的支撑作用。因此，笔者分别从县域旅游品牌、农产品品牌构建进行了文献梳理，进而对县域品牌设计策略、传播策略及映射评价文献分析。

（1）县域旅游品牌

旅游品牌定位与塑造是县域传播成功的关键因素，依托区域认同资源和优势，合理整合资源、历史文化与产业基础，建立长期稳定的形象，进而通过区域产品建立大旅游市场，对旅游产业结构及包括名称、标语、符号、象征、口号、包装等正面要素的外化组合让消费者获得优质的体验。城市旅游品牌由质量、形象、文化、服务、环境、传播、管理、创新构成，并分为红色旅游、地质生态旅游、历史文化旅游、特色产业旅游、体育旅游等五种类型，对研究县域之旅游品牌作了类型引导，同时对县域品牌化的识别延伸外化设计有一定指导价值。

（2）县域农产品品牌

2014年农业部发布的《中国农产品品牌发展研究报告》指出，农产品品牌是农业生产者或经营者在其农产品或农业服务项目上使用的，用以区别其他同类和类似农产品或农业服务的名称及其标志，对具体化的农产品或农业服务品牌进行了准确界定。

农产品品牌是一种识别性标志，是经营者与消费者之间的沟通工具，能有效提升传统农产品的竞争力。其中，地理标志农产品品牌建设是地域自然文化和历史文化融合的差异化高度发展代表，其品牌构建内容包括基础要素、核心要素、延伸要素、传播要素，多角度探讨了政府、农产品、行业、企业、消费者等各利益相关者的互动关联性，对于科技投入、品质监督、品牌宣传及农业农产品产业经营化发展、品牌运营策略等综合实现农产品品牌化。对于县域品牌之农产品品牌构建要素有一定指导意义。

（1）*品牌竞争力理论*

品牌竞争力理论最早由美国学者拉里·莱特（Larry Light）于20世纪80年代初期提出。品牌竞争力理论包括品牌差异化、强度、忠诚度、价值、创新、体验等。品牌竞争力理论探讨的是企业在激烈的市场竞争中如何通过塑造独特的品牌形象、提升产品或服务的质量、创新营销策略，以及建立强大的客户关系，从而在市场中脱颖而出，保持持续竞争优势的核心理念。这一理论源于对市场环境深刻理解的基础上，涵盖了品牌战略、消费者行为、市场定位、差异化策略等多个层面。

首先，品牌竞争力理论强调品牌作为企业核心资产的重要性。一个成功的品牌不仅代表着企业的形象，更是其区别于竞争对手的独特标识，能够吸引消费者的注意力，形成品牌忠诚度。通过精心设计的品牌故事和一致性的传播，品牌可以在消费者心中树立起独特的认知，形成难以复制的竞争壁垒。其次，产品质量和服务是品牌竞争力的基础。理论认为，只有当产品或服务具有卓越的性能、优良的用户体验时，才能赢得消费者的信赖，进而转化为口碑和市场份额。

因此，品牌竞争力理论对县域品牌化应用有着诸多有益的启发。品牌竞争力理论强调品牌要有独特且鲜明的定位，这对于县域品牌化而言至关重要。县域应深入挖掘自身的地域特色、历史文化、自然资源等独特元素，找准自身在市场中的精准定位，如以温泉资源闻名的县域，就可将“温泉康养胜地”作为核心定位来塑造品牌，通过特色定位在众多区域品牌中脱颖而出，吸引目标受众的关注。

品牌竞争力的维持离不开良好的产品质量与服务。县域在推进品牌化时，要把产品质量视为生命线，无论是农产品、工业产品还是旅游服务等，都要严把质量关，以高品质的产品和服务来积累良好的口碑，为品牌竞争力筑牢坚实基础，比如一些县域通过严格把控农产品的种植、采摘、加工等环节，以绿色、有机、优质的农产品赢得消费者的信赖。品牌竞争力还源于强大的品牌传播力。县域需巧妙运用多种传播渠道与手段，像利用社交媒体、旅游推介、参加各类展会等方式，广泛传播县域品牌故事、品牌形象，提升县域品牌的知名度与美誉度，让更多人知晓并认可县域品牌，从而吸引投资、促进消费，推动县域经济的繁荣发展。

此外，品牌竞争力理论也启示县域要注重品牌创新，不断适应市场变化和消费者需求的演变。县域可结合自身区域优势和实际，适时推陈出新，开发新的特色产品、打造新的旅游项目、探索新的营销模式等，保持品牌的活力与竞争力，使县域品牌在激烈竞争的市场环境中持续发光发热，助力县域实现可持续发展。

（2）品牌传播理论

国外品牌传播的研究主要有两大流派，一是日本电通公司提出的“品牌蜂窝模式”，二是奥美公司提出的“360度品牌管理模式”。“品牌蜂窝模式”是一个直观的实用品牌管理工具，以品牌核心价值为中心，周围是象征符号、事实基础、情感利益、功能利益、个性特征和理想的消费者形象等六个要素。“360度品牌管理模式”是代表欧美品牌传播理论的一个模式，认为品牌主要有两个层面的因素，一个是具体面，这是基本上可以控制的元素，包括CI（企业识别）、字体、员工的制服等等，更重要的是品牌的抽象面，包括使用者如何接近品牌，他们使用时的日常经验、想法与态度、需求与欲求，品牌的建立过程实际上就是如何去规划这个具体面，然后形成抽象面。

品牌传播理论是营销和传播领域的一个重要分支，主要关注的是品牌信息如何通过各种渠道传递给目标群体。品牌传播的核心目的在于建立和维护品牌的知名度、形象和声誉，其传播面向的范围往往极为广阔，且传播手段也比较多元，传播模式也持续发生调整。

因此，品牌传播理论在县域品牌化设计的应用尤为重要。品牌传播理论强调通过多种渠道和方式，塑造并传达品牌核心价值，提升知名度与美誉度。将其应用于县域品牌化设计，能有效推动县域特色资源转化，促进经济与文化发展。

① 深挖县域特色，精准定位。县域需深入挖掘自身独特资源，如特色农产品、自然景观或传统文化，将其转化为品牌核心价值。

② 县域形象塑造，多维传播。品牌传播理论注重形象设计与多维传播。县域需设计独特品牌形象，包括标识、口号等，通过整合传播提升影响力。利用社交媒体讲述品牌故事，借助旅游推介展示品牌形象，参加展会拓展市场，线上线下联动传播。

③ 县域整合协同，持续创新。县域品牌化设计应整合各方资源，协同政府部门、企业与社会组织力量，形成合力。同时，关注市场变化，持续创新产品与传播方式，满足消费者需求，增强品牌竞争力。

（3）品牌定位理论

品牌定位理论是市场营销领域的一个重要的概念，涉及如何在目标消费者心中为品牌建立独特的位置，以便与竞争对手区分开来，并在消费者心中形成积极的品牌形象。品牌定位的核心在于明确品牌的核心价值主张，并通过有效的沟通策略传达给目标市场。

品牌定位理论强调“认知大于事实”，即消费者对品牌的认知比产品本身的实际属性更为重要。品牌必须通过持续、简洁的信息传递，在消费者心中形成清晰、稳定的印象。如沃尔沃通过长期强调“安全”这一定位，在消费者心中牢牢占据“安全汽车”的代表位置。

此外，定位理论还提出了“第一法则”，即品牌应努力在某一细分领域中成为“第一”，以此建立强大的品牌认知壁垒。如果无法在整体市场中占据第一，则应寻找一个细分品类并成为该品类的领导者。随着理论的发展，菲利普·科特勒（Philip Kotler）等学者进一步丰富了定位理论的内涵，将市场定位定义为“对产品进行设计，使其在目标顾客心目中占有一个独特的、有价值的位置的行动”，强调定位的本质是差异化，即通过明确的定位使企业与其他竞争者区分开来，并在顾客心中留下深刻印象。

该理论不仅深刻影响了全球营销实践，也为品牌战略制定提供了系统的方法论支持。以县域农产品品牌定位为例，其定位主要是指农产品对于自身所在的那个市场中所占的位置进行一定程度的预测，并由此展开精准营销的过程。县域农产品品牌定位主要按照市场细分、目标市场和精准定位三个环节展开。

① 市场细分。将产品通过细分市场进行定位，之后根据农产品特色确定与之契合的目标市场，最终围绕农产品的品牌展开精确定位。确定市场上的竞争对手，灵活运用营销组合的手段来拓宽市场范围，并在市场上进行品牌建设。

② 目标市场。目标市场的确定是农产品品牌建设中最为重要的一步，在同行竞争水平比较高的产品或同质化倾向比较严重的情况下，品牌定位对消费者的消费意愿起到了直接影响的作用。因此，在县域农产品品牌定位的过程中，必须深入了解消费者的需求，确定目标市场，并设计出契合消费者需求的品牌定位方案，凸显出自建品牌与其他品牌的差异化。

③ 精准定位。精准定位旨在为品牌在目标受众心中占据独特且明确的位置，县域需基于自身特色，挖掘独特资源，如特色农产品、自然景观或工艺等，将其转化为品牌核心价值；精准聚焦县域品牌目标受众，契合需求特性，明确目标市场与受众群体，依其需求与偏好设计品牌，如拥有丰富的生态旅游资源，将品牌定位为“生态康养胜地”，以满足城市居民对生态休闲与健康养生的需求；构建县域品牌差异化竞争优势，突出个性特征，让品牌独树一帜，依托传统手工艺，打造“匠心工艺小镇”品牌，以传统工艺与现代设计融合凸显差异。

3.3 品牌体系构建中的问题与对策

3.3.1 品牌体系构建问题

随着乡村振兴战略的推进，县域品牌体系构建逐渐受到关注。从国内研究来看，品牌学理论不断发展，学者们对品牌的理解经历了从产品焦点到受众焦点等多方面的转变。在县域品牌研究方面，有学者从不同角度对城市旅游品牌等进行要素构建和分类。近年，对县域品牌属性的划分以及品牌设计、传播和评价等方面的研究也在不断深入。在品牌设计方面，研究强调品牌建设的多个环节，包括定位、设计、资产、价值评估等。这些研究为县域品牌体系的构建提供了理论支持。

在实践层面，一些地区开始探索县域品牌化建设。湖北省在推动县域特色产业发展过程中，意识到了品牌对于整合文旅、农业等资源，支撑县域产业发展的重要性。通过品牌建设，部分地区试图提升县域经济的竞争力，实现乡村振兴的目标。同时，国家政策也强调了推动城乡区域协调发展、发展乡村特色产业以及打造区域公用品牌，为县域品牌体系构建提供了政策支持和方向指引。尽管县域品牌体系构建取得了一定进展，但仍存在诸多问题。

① 品牌体系不完善。目前县域品牌设计研究相对较少，尚未形成成熟的品牌体系。县域品牌体系的构建缺乏系统的规划和整合，难以发挥品牌应有的作用。县域品牌在定位、设计、传播等环节之间缺乏有效的协同，导致品牌形象不一致、品牌影响力难以持续提升等问题。

② 产业融合度低。县域经济往往以传统产业为主，产业之间缺乏深度融合。在品牌体系构建中，未能充分体现产业协同发展的理念，难以形成具有强大竞争力的品牌集群。品牌建设与产业发展之间的联系不够紧密，品牌对产业发展的引领作用未能充分发挥。

③ 品牌设计与传播不足。县域品牌设计水平参差不齐，缺乏专业设计人才和先进的设计理念。部分品牌设计

过于注重形式，忽视了品牌内涵的挖掘和消费者心理的把握。在品牌传播方面，传播渠道有限，传播方式单一，难以有效提升品牌的知名度和美誉度。县域品牌在数字化传播、国际化传播等方面存在明显不足，限制了品牌的市场覆盖范围。

④ 品牌意识薄弱。部分县域地区对品牌的重要性认识不足，品牌意识薄弱。地方政府和企业对品牌建设的投入不足，缺乏品牌战略规划和长期发展目标。在品牌建设和运营过程中，缺乏专业的品牌管理人才，导致品牌建设效果不佳。

⑤ 品牌评价体系缺失。目前，缺乏针对县域品牌的系统评价指标体系。现有的品牌评价多侧重于市场占有率、超值创利等单一维度，难以全面、客观地评估县域品牌的综合价值和发展潜力。没有科学的评价体系，就难以对品牌建设成效进行有效评估和反馈，不利于县域品牌的持续优化和提升。

县域品牌体系构建在理论和实践层面都取得了一定进展，但仍面临诸多挑战。要实现县域品牌的高质量发展，需要进一步加强品牌体系建设，提升产业融合度，优化品牌设计与传播，增强品牌意识，并建立科学合理的品牌评价体系。

3.3.2 针对性对策与要义

结合县域品牌化建设实际，县域品牌体系的构建需要从战略规划、品牌价值提升、品牌传播优化、政策支持和社会协作等方面提出具体对策。以下内容针对农产品品牌体系建设进行针对性分析，以提升县域品牌建设的整体效能。

（1）优化品牌规划，提升品牌整体意识

优化品牌规划是县域品牌体系构建的首要任务，提升品牌整体意识则是其关键所在。县域品牌建设需要从顶层设计入手，由政府主导建立多方协作的品牌发展机制，通过整合资源、政策引导和立法支持，为品牌建设提供坚实的基础保障。同时，应明确“一县一品”“一县多品”的品牌战略，集中县域内的优质资源打造特色品牌，避免品牌开发的同质化与资源浪费现象。此外，在品牌规划中，应注重品牌的差异化定位，以突出地域特色为核心，结合地方文化、自然资源及产业优势，形成鲜明的品牌个性。

其次，通过宣传与教育活动提高品牌意识。品牌的成功不仅依赖于产品和服务本身，还需要实际生产经营者对品牌建设的长期认知与重视。政府及行业协会可通过培训课程、品牌推广论坛和优秀案例分享会等形式，增强县域内企业或农户的品牌意识，帮助其认识到品牌不仅是市场竞争的工具，更是塑造长期价值的核心手段。同时，可通过地方媒体和公众宣传活动强化居民对本地品牌的认同感和自豪感，进而形成品牌建设的社会共识。

此外，品牌规划需要科学分级管理，

构建合理的品牌矩阵。根据品牌的市场影响力、覆盖范围及产业关联度，可将县域品牌划分为核心品牌、区域品牌和辅助品牌三类。核心品牌是县域的旗舰品牌，代表地方形象与主导产业；区域品牌覆盖特定市场，为核心品牌的有力补充；辅助品牌则是地方特色的点缀，提升品牌矩阵的多样性与吸引力。这种分级管理模式能够帮助地方政府与企业明确重点、合理分配资源，并在品牌推广中形成梯队效应。

综上，优化品牌规划与提升整体品牌意识是县域品牌体系构建的重要基础。通过加强顶层设计、聚焦特色品牌战略、提升主体意识和科学管理品牌资源，可以为县域品牌的健康发展奠定坚实的基础，同时为地方经济振兴提供强有力的支撑。

（2）加强品牌质量控制，提升品牌核心价值

加强品牌质量控制是县域品牌体系构建中的核心环节，其目的是通过提升品牌核心价值来增强市场竞争力和消费者信任感。

① 建立健全品牌质量标准与评价体系。县域品牌建设需要从生产到销售的全链条制定统一的质量标准，对生产过程进行严格监管，确保产品品质符合市场要求。可以通过引入第三方品牌认证机构，对品牌质量进行独立监督与评价，避免品牌的自我认证带来的偏差，同时树立消费者对品牌的信任，结合地方特色资源，开发地理标志保护产品，以标准化和规范化管理提升品牌的独特性和权威性。

② 深挖县域品牌文化内涵，强化品牌核心价值。县域品牌的成功不仅依赖于产品或服务的功能性价值，还需要融入地方历史、文化和生态特色，形成独具魅力的品牌故事。通过整合县域地方民俗、传统工艺和文化遗产，塑造品牌的情感连接点，赋予其文化附加值，将非物质文化遗产融入产品包装设计，或通过品牌宣传讲述地方故事，使消费者在购买产品时感受到品牌背后的深层意义。这种以

文化为核心的品牌建设不仅能够增加品牌的市场吸引力，还能助力地方文化的传承与传播。

③ 推动品牌生态体系建设。县域品牌应从单一产品品牌向全产业链品牌升级，整合种植、加工、包装、物流和销售等环节，形成完整的品牌生态圈。通过构建县域品牌产业链条，不仅能够提升品牌整体形象，还能增强品牌的可持续发展能力。将优质农产品加工成高附加值的精深加工品，通过电商平台或品牌专卖店直接面对消费者，形成从生产到消费的闭环。同时，可以借助旅游产业开发品牌体验活动，如采摘节、农事体验等，将品牌与地方旅游深度结合，增强消费者对品牌的认知与黏性。

④ 建立县域品牌质量管理的长效机制。品牌质量不仅仅体现在产品本身，还需要通过持续优化的过程管理来维持。县政府和行业协会应定期组织品牌质量抽检和评估，对存在问题的品牌及时给予指导和支持，需要重视消费者反馈，快速响应质量问题，维护品牌形象。此外，应加强品牌质量教育，培养企业主和从业者的质量意识，提升县域整体产业链的质量水平。

总之，加强品牌质量控制不仅是品牌建设的基本保障，也是提升品牌核心价值的关键。通过制定统一的质量标准、挖掘品牌文化内涵、构建品牌生态体系以及建立长效管理机制，县域品牌能够在激烈的市场竞争中站稳脚跟，同时为县域经济的高质量发展注入持久动力。

（3）优化品牌传播与推广策略

优化品牌传播与推广策略是构建县域品牌体系的重要步骤，其核心在于通过多元化的传播手段和创新的推广方式，提升县域品牌的市场影响力和消费者认知度。

① 整合传播资源，构建多层次传播矩阵。县域品牌传播需要利用主流媒体、自媒体以及新兴的短视频和直播平台，形成覆盖广泛的传播网络。县域主流媒体如电视、广播和报纸，能够为品牌提供权威背书，而自媒体和短视频平台则具有更强的互动性和传播速度，可实现品牌信息的快速扩散。县域品牌可以通过地方电视台联合中央媒体制作专题片，展示品牌背后的文化和地域特色，同时通过短视频平台拍摄创意内容，让品牌以更贴近消费者的方式传播。

② 注重线上与线下传播相结合，增强品牌的体验感与互动性。在线下，县域品牌可以利用本地资源组织节庆活动、展览会和品牌体验日，通过互动性强的方式吸引消费者的注意。如县域农产品品牌可以举办采摘节、品鉴会等活动，让消费者亲身参与，增强对品牌的记忆和认同感。在线上，品牌可结合电商平台搭建官方旗舰店，同时利用直播电商推广产品，以真实的场景展示和互动式销售提升品牌曝光率和消费者信任度。

③ 加强数字化传播能力。县域品牌应充分利用大数据技术进行消费者需求分析，根据用户偏好调整品牌推广策略，做到精准触达目标受众。如分析不同消费群

体的地域分布、年龄层次和兴趣偏好，从而制定更有针对性的广告投放和内容创作。通过精准的数字化运营，不仅可以提高品牌传播的效率，还能大幅降低推广成本。

④ 构建协同传播机制。县域品牌需要联合政府、行业协会、企业和社会各界形成传播合力，整合各方资源进行品牌宣传。如县政府可利用政策支持品牌宣传活动，行业协会可以举办相关论坛和展会促进品牌交流，而企业则可以通过联合推广扩大品牌影响力。同时，鼓励消费者主动参与品牌传播，通过线上评论、分享体验和自发传播等方式形成品牌口碑的二次传播，扩大县域品牌在市场上的知名度和影响力。

综上，优化品牌传播与推广策略需要从整合传播资源、注重线上线下结合、强化数字化传播能力以及构建协同传播机制等方面入手。通过多维度的传播与推广，县域品牌可以迅速提升市场影响力，增强消费者的品牌认同，为地方经济发展注入新活力。

（4）强化品牌持续发展能力

强化品牌持续发展能力是县域品牌体系构建的长效保障，其目标在于通过完善品牌维护机制、提升创新能力以及优化运营模式，确保县域品牌在市场竞争中的长期活力和影响力。

① 建立动态维护机制，确保县域品牌形象的稳定与积极性。县域品牌发展过程中难免会遇到负面信息或外部竞争的挑战，县域品牌需构建完善的舆情监测与危机管理体系，实时追踪公众对品牌的评价和反馈，及时应对可能对县域品牌形象造成损害的事件。县政府和企业可以设立品牌监控团队，通过媒体、社交平台和消费者评价收集相关信息，迅速制定应对措施，如发表声明、开展品牌公关活动等，以化解负面影响。此外，针对假冒伪劣产品和恶意侵权行为，需加强知识产权保护，依托法律和执法手段捍卫品牌权益，为品牌的健康发展创造良好的市场环境。

② 加强县域品牌创新能力是实现持续发展的关键。品

牌创新不仅限于产品，还应涵盖品牌文化、营销模式和服务体验。县域品牌可以结合市场需求开发高附加值产品，通过技术创新提升产品质量，同时注重产品设计和包装的优化，以契合不同消费群体的审美偏好。此外，应强化县域品牌文化建设，赋予品牌更多的情感价值和故事内涵，使其在消费者心中形成独特的定位。如挖掘县域地方文化资源，将非物质文化遗产融入品牌宣传中，通过文化赋能提升品牌的核心竞争力。在营销模式方面，县域品牌可以探索社交电商、会员制和订阅服务等新型方式，与消费者建立更深层次的连接。

③ 优化品牌运营模式，提高市场竞争力与适应性。县域品牌需要构建高效的供应链管理体系，从原料采购、生产加工到终端销售，全流程实现精细化运营，以降低成本、提升效率。此外，品牌还需通过数据驱动的运营模式，利用消费者行为分析优化产品布局和市场策略。可以通过电商平台的销售数据了解产品热度，根据区域市场需求调整供应链和推广重点，确保资源的合理配置和市场的高效响应。同时，推动品牌运营的数字化转型，利用人工智能、物联网等技术实现品牌管理的智能化升级，为品牌的可持续发展注入技术动力。

④ 注重县域品牌的国际化发展，以开拓新的市场空间和增长机会。县域品牌可以通过参与国际展会、对接海外贸易平台等方式提升品牌在国际市场的知名度。此外，需根据目标市场的文化差异和消费习惯调整产品设计、品牌宣传策略和服务模式。在出口农产品时，注重标明产品的地理标志和绿色环保认证，以满足国际消费者对品质和可持续性的要求。同时，可与国际知名品牌合作或利用国际化设计团队优化品牌形象，使品牌更具全球化竞争力。

综上，强化品牌持续发展能力需要从动态维护、创新驱动、优化运营和国际化拓展等多方面协同发力。通过完善的品牌维护机制和不断创新的运营策略，县域品牌能够保持长期的市场竞争力，不断扩大品牌影响力，为地方经济和社会发展提供可持续的品牌支持。

湖北省县域品牌体系的构建

3.4

3.4.1 湖北省县域品牌体系的构建思路

在乡村振兴战略的推进下，县域经济发展成为实现城乡区域协调发展和共同富裕的关键。湖北省作为中部地区的重要省份，拥有丰富的自然资源、历史文化底蕴和特色产业。然而，湖北省县域品牌体系尚不完善，品牌建设水平参差不齐。如图3-1所示，构建科学合理的县域品牌体系对于提升湖北省县域经济竞争力、促进乡村振兴具有重要意义。以乡村振兴战略为指导，结合湖北省县域特色，构建以县域公共品牌和公用品牌为主、互动性的品牌体系，推动湖北省县域经济高质量发展。

（1）以乡村振兴战略为指导

乡村振兴战略涵盖产业兴旺、生态宜居、乡风文明、治理有效、生活富裕等多方面内容，为县域品牌体系构建提供了全面的指导思想。在品牌体系构建过程中，应充分考虑如何通过品牌建设推动产业发展、生态保护、文化建设、人才培育和组织创新，实现县域经济、社会和环境的协调可持续发展。

（2）以县域公共品牌和公用品牌为核心

县域公共品牌是县域的整体形象代表，其来源应充分挖掘县域的地域特点、民族特色和乡土特征。湖北省一些县域拥有独特的自然景观、历史文化遗产或民俗风情，这些元素可以成为打造县域公共品牌的切入点。通过整合县域内的各种资源，将这些特色元素进行提炼和包装，形成具有辨识度和吸引力的县域公共品牌形象，向外界传递县域的独特魅力和价值（图3-1）。县域公用品牌主要包括农产品品牌、文化品牌和旅游品牌等。

① 农产品品牌。湖北省是农业大省，许多县域拥有优质的农产品资源。应加强农产品品牌建设，提高农产品的附加值和市场竞争力。通过建立农产品质量标准体系、加

强农产品加工和包装、开展品牌推广活动等措施，打造一批具有湖北特色的知名农产品品牌，如洪湖莲藕、蕲春蕲艾等。

② 文化品牌。湖北省历史悠久、文化底蕴深厚，各地有着丰富多样的文化资源。挖掘和保护地方传统文化，将其转化为具有商业价值的文化品牌是县域品牌建设的重要内容。例如，荆楚文化、三国文化等在湖北省多地都有体现，可以以这些文化为主题，开发相关的文化产品、文化活动和文化旅游项目，打造具有影响力的文化品牌。

③ 旅游品牌。凭借丰富的自然景观和人文景观，湖北省的旅游业发展迅速。县域应结合自身旅游资源特色，打造个性化的旅游品牌。注重旅游产品和服务的创新，提升旅游体验质量，加强旅游品牌宣传推广，吸引更多游客前来旅游消费，推动县域旅游业发展，如襄阳古隆中、利川腾龙洞等旅游品牌的建设。

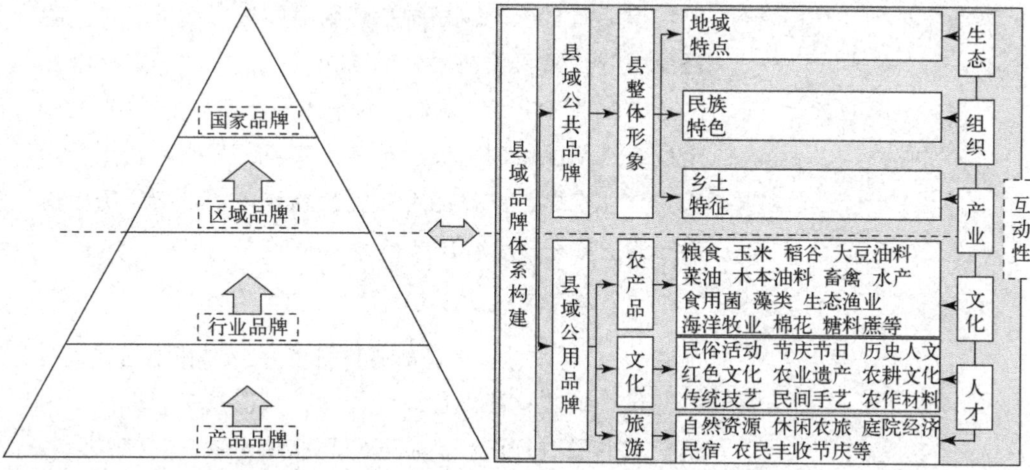

图 3–1

品牌聚合图与县域品牌体系构建图

（3）构建互动性的品牌体系

县域公共品牌和公用品牌之间应形成有机的互动关系。一方面，县域公共品牌为公用品牌提供整体形象背书和支持，公用品牌的发展可以丰富和强化县域公共品牌的内涵。例如，当县域内的农产品品牌、文化品牌和旅游品牌在市场中获得良好口碑和发展成果时，会提升整个县域的知名度和美誉度，进而促进县域公共品牌的传播和推广。另一方面，公用品牌在建设和推广过程中应与县域公共品牌保持一致性和协同性，共同遵循县域品牌的核心价值和形象定位，形成品牌合力，避免品牌之间的冲突和混乱。

3.4.2 湖北省县域品牌体系的实施路径

（1）深入调研与精准定位

① 县域资源调研。组织专业团队对湖北省各县域进行全面深入的调研，包括自然资源、历史文化、民俗风情、产业现状、农产品特色等方面的调查。通过实地走访、问卷调查、访谈等方式，收集丰富的数据和信息，为品牌体系构建提供坚实的基础。

② 品牌定位分析。根据调研结果，结合市场需求和竞争环境，对县域公共品牌和公用品牌进行精准定位。明确各品牌的独特卖点、目标市场和目标受众，确定品牌发展的方向和战略重点。例如，对于以生态农业为特色的县域，定位农产品品牌时可突出绿色、有机、生态等特点，对于历史文化名城，文化品牌和旅游品牌定位可围绕历史文化遗产的挖掘和传承展开。

（2）加强品牌设计与传播

① 品牌设计。注重品牌设计的专业性和创新性，结合湖北省地域文化和现代设计理念，打造具有视觉冲击力和记忆点的品牌标识、品牌形象和品牌包装。品牌形象设计应充分融入县域特色元素，如地方标志性建筑、自然景观图案、传统纹样等，使其具有独特的地域文化内涵和个性。同时，要确保品牌设计在不同应用场景下的一致性和完整性，包括品牌标志、宣传口号、包装设计、广告宣传等方面。

② 品牌传播。制定多元化的品牌传播策略，整合多种传播渠道和手段，提高品牌知名度和美誉度。

a. 传统媒体与新媒体结合。利用电视、报纸、杂志等传统媒体进行品牌宣传的同时，充分发挥互联网、社交媒体、短视频平台等新媒体的优势，开展线上线下相结合的品牌推广活动。例如，在当地电视台开设县域品牌专题节目，在微信公众号、抖音等平台发布品牌宣传视频和文章，吸引用户关注和参与。

b. 举办品牌活动。通过举办各类品牌活动，如农产品展销会、文化旅游节、民俗文化节等，增加品牌的曝光度和影响力。这些活动可以吸引游客、商家和媒体的关注，为品牌推广提供良好的平台，促进品牌与消费者的互动和交流。

c. 与意见领袖合作。与旅游达人、美食博主、文化名人等意见领袖合作，邀请他们体验和宣传湖北省县域品牌。借助意见领袖的粉丝效应和影响力，快速提升品牌的知名度和美誉度，拓展品牌市场。

（3）促进产业融合发展

① 农业与旅游、文化产业融合。以农产品为基础，结合旅游和文化产业，开发农事体验游、乡村旅游、特色农产品加工与销售等项目。例如，打造水果采摘园、农产品加工体验工坊、乡村民宿等，将农业生产与旅游观光、文化体验相结合，延长农业产业链，增加农产品附加值，同时丰富旅游和文化产业的内涵，实现产业融合发展，为县域公用品牌建设提供产业支撑。

② 文化和旅游深度融合。深入挖掘湖北地方文化资源，开发具有文化内涵的旅游产品和旅游项目，如文化旅游演艺、历史遗迹游览、民俗文化体验等。通过旅游活动传播地方文化，提升文化品牌的影响力。同时，以文化为灵魂，丰富旅游品牌的内涵，增强旅游品牌的吸引力和竞争力，促进文化旅游产业协同发展。

③ 品牌引领产业融合。以品牌为导向，整合县域内不同产业资源，打破产业界限，促进产业协同发展。通过品牌建设和推广，引导产业集聚，形成产业集群，实现资源共享、优势互补，提高产业整体竞争力。围绕县域公共品牌，打造集农业种植、农产品加工、冷链物流、电商销售、旅游观光等于一体的全产业链条，推动县域产业融合发展。

（4）强化品牌管理与人才培育

① 品牌管理机制建设。建立健全县域品牌管理体系，加强对品牌建设的规划、组织、协调和监管。成立专门的品牌管理机构或部门，负责品牌战略制定、品牌运营、品牌监督等工作。制定品牌管理制度和标准，规范品牌使用、品牌维护和品牌推广行为，确保品牌的统一性和一致性。同时，加强品牌知识产权保护，维护品牌的合法权益。

② 品牌人才培育。加强品牌人才队伍建设，通过多种方式培养和引进品牌管理、品牌设计、市场营销、文化传播等方面的专业人才。开展品牌培训活动，提高县域内企业和相关部门人员的品牌意识和品牌建设能力。与高校、专业培训机构等合作，建立品牌人才培养基地，为湖北省县域品牌体系建设提供人才支持。

（5）建立品牌评价与反馈机制

① 构建品牌评价指标体系。结合湖北省县域品牌特点和发展需求，建立科

学合理的品牌评价指标体系。评价指标应涵盖品牌知名度、品牌美誉度、品牌忠诚度、品牌市场占有率、品牌经济效益等多个维度，从“三农主体”和“受众客体”的视角全面客观地评估县域品牌的价值和发展现状。例如，通过市场调研、消费者满意度调查、销售数据分析等方法收集相关数据，对品牌进行量化评价。

② 品牌评价与反馈应用。定期开展品牌评价工作，根据评价结果及时发现问题和不足，为品牌建设提供针对性的改进措施和建议。将品牌评价结果反馈给品牌建设主体，引导其优化品牌战略和运营策略，提高品牌建设水平。同时，将品牌评价结果向社会公布，接受社会监督，增强品牌建设的透明度和公信力，提升品牌的市场认可度。

③ 构建以乡村振兴战略为指导的湖北省县域品牌体系是推动湖北省县域经济高质量发展、实现乡村振兴的重要举措。通过以湖北省县域公共品牌和公用品牌为核心，构建互动性的品牌体系，并实施深入调研与精准定位、加强品牌设计与传播、促进产业融合发展、强化品牌管理与人才培育、建立品牌评价与反馈机制等实施路径，可以逐步完善湖北省县域品牌体系建设，提升县域品牌的竞争力和影响力。这将有利于整合县域资源，推动产业发展，促进农民增收，为湖北省乡村振兴和县域经济可持续发展提供有力支撑。

第4章

县域品牌化策略整合

随着全球经济一体化与区域竞争的加剧，县域作为国家发展的基础单元，其品牌化建设备受瞩目。如图4-1所示，将县域品牌化整合策略进行图示化分解，本章从定位策略、设计策略、传播策略等进行详细陈述。湖北省县域发展在乡村振兴战略的大背景下，亟待通过品牌化策略实现转型升级与创新发展。新发展理念为这一进程提供了科学指导，促使湖北省县域在定位、设计与传播等层面进行深度探索与实践，以构建具有核心竞争力与独特魅力的县域品牌体系，推动县域经济、社会与文化全面繁荣。

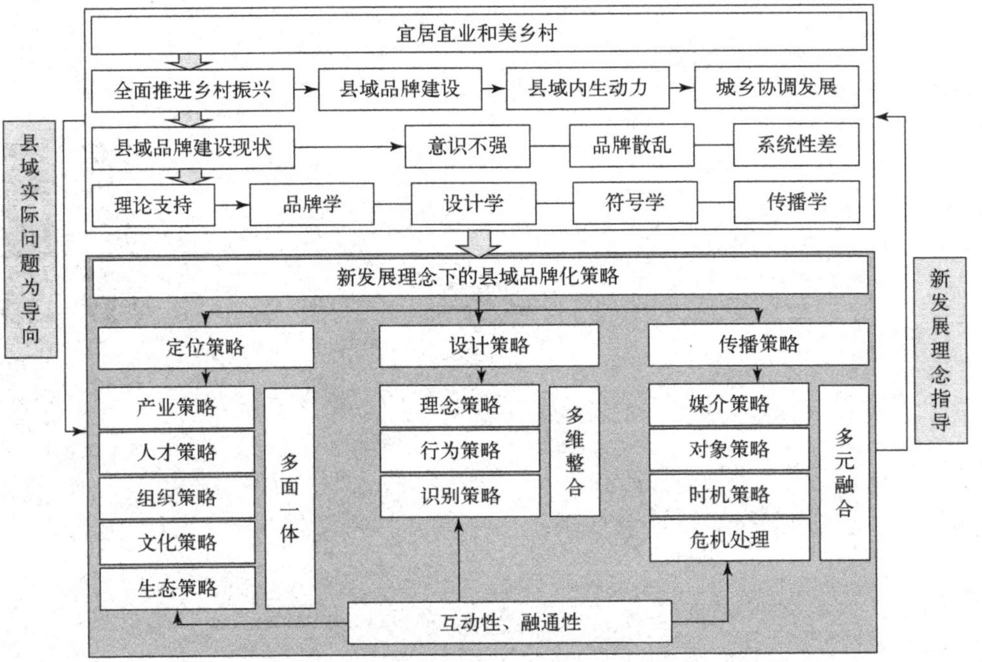

图 4-1
县域品牌化整合策略图

4.1 定位策略：基于乡村振兴战略的“多面一体”模式

4.1.1 产业定位

（1）特色农业产业挖掘

湖北省县域在农业资源方面有着得天独厚的优势，比如江汉平原地区，这里稻米和油菜等传统农作物的产量不仅丰富，而且品质十分优良，湖北可以充分利用本地优势，定位为生态有机农产品供应基地。在实际操作中，可以通过大力推广绿色种植技术及标准化生产流程，打造区域特色的农产品品牌，典型的代表如“潜江龙虾”，就是凭借其独特的养殖模式和令人称赞的美味口感，在全国的市场上占据重要地位，为当地农民带来了相当可观的收益，有力地推动了乡村振兴中产业兴旺目标的实现。

（2）新兴农业产业培育

除了传统的农业领域，湖北省的县域还积极探索新兴农业产业的发展。以秭归县为例，当地充分借助三峡库区的气候优势，大力发展脐橙产业。经过多年的发展，秭归县已经构建了从种植、加工到销售的完整产业链。新兴农业产业的培育，不仅提升了农产品本身的附加值，还有效地带动了物流、电商等相关服务业的同步发展，秭归县的脐橙产业成了县域产业多元化发展的典范，注入强劲新动力。

（3）农文旅融合产业挖掘

随着人们生活水平的逐步提高，对于休闲旅游和文化体验等方面的需求也日益增长。湖北省县域拥有丰富的农业资源、深厚的历史文化底蕴以及多样的自然景观，这为农文旅融合产业的发展提供了坚实的物质基础。具体来说，可以从以下几个方面进行挖掘。

① 休闲农业与乡村旅游。湖北省的广袤乡村蕴藏着迷人的田园风光和淳朴的民俗风情，可以打造休闲农业观光园、采摘园以及农家乐等多种形式的旅游项目。如组织游

客前往油菜花田观赏金黄烂漫的花海，同时还可以安排游客体验农家生活的乐趣，参与农事劳作、品尝农家美食等，在旅游旺季，还可以增加民俗表演、乡村音乐节等特色活动，通过旅游带动农产品的销售，增加农民收入。

② 文化体验旅游。湖北省县域在历史文化的传承方面有着独特的优势，荆楚文化、三国文化，以及红色文化等，湖北省可以深入挖掘这些文化资源，打造具有文化内涵的旅游产品和线路。以荆州为例，当地拥有众多的三国遗迹和传说，可以开发三国主题的文化体验游。游客可以参观古战场遗址，欣赏三国题材的文艺表演，在文化之旅中还可以融入传统手工艺制作的体验环节，如制作楚式漆器、刺绣等，通过这些活动，游客能够深入感受当地文化的魅力，增强文化认同感。

③ 生态康养旅游。湖北省县域内有不少生态环境优越的地区，空气清新、水质纯净、植被丰富，具有发展生态康养旅游的巨大潜力。如恩施土家族苗族自治州依托其良好的生态环境和富硒资源，大力开发生态康养旅游项目。当地打造了一批设施完善的康养度假村、温泉浴场以及森林氧吧等旅游设施，为游客提供养生保健、休闲度假等服务。游客在这里可以远离城市的喧嚣，享受宁静的自然环境和健康的生活方式，同时也带动了当地相关产业的发展，促进了乡村振兴。

在挖掘农文旅融合产业的过程中，湖北省县域需要注重产业的协同发展和整体规划。一方面，要加强基础设施建设，包括交通、住宿、餐饮等配套设施的完善，提升游客的旅游体验；另一方面，要注重人才培养，提高从业人员的专业素质和服务意识，确保产业的可持续发展。同时，还要不断加强品牌建设和市场推广，打造具有影响力的农文旅融合品牌，吸引更多游客前来，为乡村振兴提供有力的产业支撑。通过对特色农业、新兴产业以及农文旅融合产业的深度挖掘与开发，湖北省县域能够构建起多元化的产业体系，实现农业增效、农民增收和农村经济的繁荣，为乡村振兴战略的实施奠定坚实的产业基础。

4.1.2 人才定位

（1）本土人才培育

湖北省县域的本土人才是乡村振兴的核心力量，他们对故土有着深厚情感，熟悉当地风土人情与自然资源状况。通过加强对本土人才的教育与培训投入，能够为县域发展培育出一支留得住、用得上、干得好的人才队伍，为乡村振兴注入源源不断的动力。

① 农业科技领域人才。依托农业科研机构、涉农高校及农业技术推广站等资源，建立多层次、多形式的本土农业技术人才的培训体系。针对县域当地主导农业产业，开展定期的种植养殖技术培训课程，邀请专家学者进行现场授课与实地指导。如在县域水稻种植地区，组织农户参加水稻高产栽培技术培训班，学习水稻品种选择、育秧技术、田间管理、病虫害防治等关键环节的知识与技能。如在县域畜禽养殖集中区域，开展畜禽健康养殖技术培训，涵盖养殖环境控制、饲料营养搭配、疫病防控等方面内容，提高养殖户的生产管理水平与经济效益。同时，鼓励本土农业科技人才开展技术研究与创新，结合县域当地实际需求，探索适合本地的针对性强的农业新技术、新品种，推动农业科技成果转化与应用，提高农业生产效率与质量，为县域农产品品牌建设提供有力的技术支撑。

② 经营管理方面人才。举办农村创业创新大赛、经营管理培训班等活动，吸引有志于农村创业的本土青年参与。在培训内容上，涵盖市场营销、企业经营管理、农村电商运营、乡村旅游开发与管理等多个领域。以农村电商为例，教授本土人才如何开设网店、进行农产品网络推广、运用电商平台开展线上销售等实用技能，帮助他们突破传统销售模式的限制，拓展农产品销售渠道，提升县域农产品品牌知名度与市场占有率。同时，鼓励本土人才领办创办农民合作社、家庭农场、农业产业化龙头企业等新型农业经营主体，通过规模化、集约化经营，提高农业产业组织化程度与市场竞争力，打造具有县域特色的农业产业品牌，带动农民增收致富，实现乡村产业振兴。

③ 文化艺术领域人才。本土人才的培育有助于传承和弘扬地方优秀传统文化，打造县域文化品牌。设立乡村文化艺术传承基地，邀请民间艺人、文化专家担任指导教师，培养本土文化能人。他们可以深入挖掘当地的历史文化、民俗风情等资源，通过文艺创作、民间技艺传承等方式，将县域地方文化元素融入到乡村旅游、特色农产品包装设计等领域。在一些具有传统文化底蕴的村落，培养本土文化人才组织开展民俗文化活动，如传统节庆

表演、民间手工艺展示等，吸引游客前来体验，打造乡村旅游文化品牌。同时，将县域地方文化特色融入农产品品牌设计中，为农产品赋予文化内涵与情感价值，提高产品附加值与市场竞争力，推动农文旅融合发展，促进乡村振兴。

为保障本土人才培育工作取得实效，湖北省县域应建立完善的激励机制。设立人才发展专项资金，对在农业科技、经营管理、文化艺术等领域取得突出成绩的本土人才给予物质奖励与荣誉表彰，激发他们的学习积极性与创新创造活力。同时，加强人才服务体系建设，为本土人才提供良好的工作环境与生活保障，解决他们在子女教育、医疗保障等方面的后顾之忧，让他们能够安心扎根乡村，为乡村振兴贡献智慧与力量。

（2）外部人才引进

乡村振兴不仅需要依靠本土人才，还需要借助外部人才的力量，为县域发展带来新的理念、技术和资源。湖北省县域应积极制定优惠政策，吸引高校毕业生、在外务工经商人员以及专业技术人才来此创业就业，汇聚各方力量共同推动乡村振兴。

① 高校毕业生是乡村振兴的新生力量。具有较高的学历背景和专业知识的高校毕业生，能够为乡村带来新的活力与创新思维。湖北省县域可以与本地高校以及省外涉农高校建立紧密的合作关系，开展校园招聘活动，宣传县域乡村振兴发展战略与人才政策，吸引相关专业毕业生投身到乡村建设中来。在就业安置上，结合县域产业发展需求，为高校毕业生提供对口就业岗位，如农业科技推广员、农村电商运营专员、乡村旅游规划师等。

② 在外务工经商人员是强劲力量。积累了丰富的资金、人脉和市场资源的在外务工人员，他们的返乡创业能够为县域经济发展注入强劲动力，促进产业升级与乡村振兴。湖北省县域应积极搭建返乡创业平台，建设返乡创业园、农村电商创业基地等，为返乡人员提供一站式创业服务。通过宣传返乡创业成功案例，激发他们的创业热情与家乡情怀，吸引

他们回乡投资兴业。在政策扶持方面，除了给予返乡创业人员资金补贴、税收优惠等优惠政策外，还应加强金融服务创新，为他们提供多样化的融资渠道，解决创业资金短缺问题。鼓励返乡人员利用自身的人脉资源与市场渠道，引进外部资金、技术和项目，加强与外地企业的合作与交流，推动县域产业与外部市场的有效对接，提升县域产业的知名度与竞争力，打造具有区域影响力的品牌产业。

③ 专业技术人才则是乡村振兴中的智力支持关键。湖北省县域可以加强与科研机构、高校的联系与合作，建立人才合作机制，定期选派科技特派员、创业导师等到县域开展技术指导与项目孵化工作。这些专业人才可以深入农村一线，针对当地农业产业发展中存在的技术难题进行攻关，提供技术咨询与培训服务，帮助农民提高生产技术水平与经营管理能力。在特色农产品种植养殖领域，科技特派员可以指导农民应用先进的农业种植养殖技术，提高农产品产量与质量，创业导师则可以为农村创业者提供创业指导与项目策划，帮助他们理清发展思路、制定科学合理的创业计划，提高创业成功率。同时，通过建立专业技术人才库，加强对外来专业人才的管理与服务，为他们提供良好的工作环境与生活条件，鼓励他们在完成项目任务后继续留在县域工作或开展长期合作，为乡村振兴提供持续的智力支持。

为了进一步优化外部人才引进环境，湖北省县域应加强基础设施建设与公共服务供给，提升乡村的生活品质与发展环境。加大对交通、通信、水电等基础设施建设的投入，改善乡村的交通条件与网络通信设施，确保外部人才能够便捷地往返城乡之间，享受现代信息通信技术带来的便利。同时，加强教育、医疗、文化等公共服务设施建设，提高乡村学校师资水平与教学质量，改善乡村医疗卫生条件，丰富乡村文化生活，为外部人才及其家属在乡村生活提供良好的保障，增强乡村对人才的吸引力与凝聚力。

在推进乡村振兴战略的过程中，湖北省县域应充分认识到人才的重要性，坚持本土人才培育与外部人才引进并重的原则，通过构建完善的人才政策体系与服务保障机制，汇聚各方人才力量，共同支撑乡村振兴的实现。在县域品牌化建设的背景下，人才的汇聚将为品牌打造注入强大动力，通过人才的智慧与创新，不断提升县域品牌的知名度、美誉度与市场竞争力，推动湖北省县域经济社会的全面发展与繁荣。

4.1.3 组织定位

（1）基层党组织建设

强化基层党组织在县域品牌化建设中的领导核心作用，通过开展党建工作与乡村振兴项目相结合的活动，如党员带头发展特色农业产业、组织村民参与乡村治理等，提升基层党组织的凝聚力与战斗力。红安县一些农村基层党组织带领村民发展红薯特色种植加工产业，将党组织的政治优势转化为产业发展优势，助力乡村振兴。

（2）社会组织协同

培育与扶持农村经济合作社、行业协会、志愿者组织等社会组织，发挥其在产业整合、行业自律、公共服务等方面的积极作用。以农村经济合作社为例，它有效整合了分散的农户资源，实现农产品的规模化生产与销售，同时为社员提供生产资料采购、技术交流、市场信息等服务，促进县域产业组织化程度提升，为乡村振兴提供坚实的组织保障。

4.1.4 文化定位

文化作为县域品牌建设的核心要素，是乡村振兴的灵魂所在。湖北省县域拥有深厚的历史文化底蕴，这为文化定位提供了坚实基础。深入挖掘与创新转化传统文化，不仅能传承优秀文化遗产，还能为县域品牌化发展注入强大动力，实现文化与乡村振兴的深度融合。

（1）传统文化挖掘

湖北省县域文化资源丰富多样，楚文化、三国文化、民俗文化等交相辉映。以荆州为例，其作为三国文化的重要发源地，拥有众多历史遗迹和传说故事。挖掘这些文化资源，将其融入城市品牌与乡村旅游品牌建设中，能够形成独特的文化吸引力。开发三国主题的旅游景区，如古隆中、赤壁古战场等，通过场景再现、历史剧情演绎等方式，让游客身临其境感受三国文化的魅力。同时，设计具有三国文化特色的旅游纪念品，如青铜兵器模型、三国人物手办等，既满足了游客的收藏需求，又传播了三国文化。举办三国文化节、民俗活动等，吸引国内外游客参与，不仅传承弘扬了优秀传统文化，还促进了县域旅游经济的繁荣，实现了文化与乡村振兴的融合发展。

（2）文化创新转化

为了适应现代市场需求，提升文化产品的竞争力，湖北省县域积极推动传统文化的创新转化。鼓励发展文化创意产业，将传统手工艺、民间艺术与现代设计、市场营销相结合。以孝感市的剪纸艺术为例，通过创新设计，将剪纸元素融入时尚家居装饰、旅游纪念品开发中，打造具有地域特色的文化创意产品品牌。剪纸艺术家们与设计师合作，创作出符合现代审美的剪纸作品，应用于室内装饰、礼品包装等领域。同时，利用电商平台进行线上线下销售，拓宽销售渠道，提升产品的市场占有率。这种创新转化不仅提高了文化产品的附加值，还为乡村振兴注入了文化活力，促进了当地经济的发展。

（3）文化品牌建设

通过挖掘和整合湖北省县域各地文化资源，打造具有辨识度和影响力的县域文化品牌。在品牌形象设计上，融入文化元素，突出地域特色。设计具有地方特色的品牌视觉形象，使品牌具有独特的视觉识别度。同时，注重品牌故事的讲述，通过挖掘文化背景和历史典故，赋予品牌深厚的文化内涵。如在宣传三国文化时，讲述诸葛亮、关羽等历史人物的故事，引发游客的情感共鸣，增强品牌的吸引力。在品牌推广方面，利用多种渠道和方式，如社交媒体、旅游推介会、文化节事等，进行全方位的宣传推广，提高品牌知名度和美誉度。吸引更多游客前来体验当地文化，带动相关产业的繁荣发展。

（4）文化传承与教育

文化传承与教育是文化定位的重要支撑。县域需注重培养文化传承人才，通过建立文化传承基地、开展文化培训等方式，让传统文化后继有人。在学校教育中，融入地方文化课程，如开设楚文化、三国文化等校本课程，让学生从小了解和热爱本土文化。同时，组织文化进校园、进社区活动，通过举办讲座、展览、演出等形式，普及文化知识，增强公众对传统文化的认知和保护意识。鼓励文化传承人与年轻人合作，开展文化传承项目，如传统手工艺的师徒传承、民间艺术的表演培训等，使传统文化在传承中不断创新和发展，为乡村振兴提供源源不断的文化动力。

在乡村振兴战略的实施过程中，湖北省县域通过深入挖掘传统文化，创新转化文化资源，结合品牌化设计与建设，实现文化与乡村振兴的深度融合。这不仅保护和传承了优秀传统文化，还为县域经济发展注入了新的活力，推动了湖北省县域的全面振兴和繁荣。文化和品牌建设成为乡村振兴的重要引擎，为县域发展描绘出绚丽多彩的画卷。

4.1.5 生态定位

在推进乡村振兴战略的进程中，县域需依托丰富的生态资源，实施生态定位策略，不仅守护绿色生态环境，更为乡村振兴注入新的活力与动力。通过生态资源保护与生态产业打造，县域逐步实现生态优势向经济优势的转化，绘就生态美、产业兴、百姓富的美丽乡村。

（1）生态资源保护

湖北省县域生态资源丰富，拥有众多山川湖泊、森林湿地等，这些宝贵的资源是县域品牌建设的核心资产。为了守护好这份绿色家底，湖北省县域积极建立健全生态保护制度，加强对环境污染的治理与监管，确保生态环境质量持续优良。

以神农架林区为例，其作为我国重要的生态宝库，拥有丰富的珍稀动植物资源。神农架林区严格限制开发活动，实施天然林保护工程、野生动物保护工程等生态保护项目，加大对珍稀动植物资源的保护力度。通过建立自然保护区、国家公园等保护地体系，加强对生态资源的科学管理和监测，神农架林区为生态旅游与科研教育等产业的可持续发展奠定了坚实基础。如今，神农架以其良好的生态环境和丰富的生物多样性，成了生态旅游的热门目的地，吸引着大量游客前来观光游览、科考探险，实现了生态保护与经济发展的良性互动。

县域需积极探索生态资源保护的有效模式。如湖北省梁子湖流域通过实施生态养鱼等措施，恢复湖泊生态功能，保护了水质和水生生物多样性。同时加强对环湖周边农村环境的治理，推广生态农业模式，减少农业面源污染，打造了“梁子湖生态品牌”，提升区域生态价值和知名度。通过开展生态科普活动、建设生态文化公园、设立生态宣传标识等方式，提高公众的生态保护意识，引导居民和游客积极参与生态保护行动，形成全社会共同守护绿色生态环境的良好氛围。

（2）生态产业打造

依托丰富的生态资源优势，湖北省县域需积极打造生态产业，推动生态农业、生态旅游、生态康养等绿色产业蓬勃发展，实现了生态优势向经济优势的转化，助力县域生态宜居与产业兴旺目标。

通过推广绿色种植技术、生态养殖模式和农产品深加工，提高农产品的品质和附加值，打造一批知名的生态农产品品牌。如恩施土家族苗族自治州利用其富硒土壤资源，发展富硒特色农产品种植，将富硒茶叶、富硒土豆、富硒水果等通过品牌化运营进行市场推广，使富硒特色农产品成为县域增收致富的重要产业。同时，生态农业与乡村旅游相结合，形成了休闲农业观光园、采摘园等旅游项目，吸引大量游客前来体验乡村生态之美，带动农家乐、民宿等服务业的发展，可进一步拓展生态农业的产业链和价值链。

生态旅游作为湖北省县域的支柱产业之一，可以其独特的自然风光和生态资源为依托，打造多样化的品牌旅游产品和线路。除了神农架生态旅游品牌，湖北省咸宁市可充分利用其丰富的温泉资源与优美自然风光，打造生态康养旅游目的地品牌，建设一批高品质的温泉度假酒店、生态旅游景区和乡村民宿，如万亩茶园小镇，将茶文化与生态旅游相结合，游客可以体验采茶制茶、品茶论道的乐趣，欣赏茶园山水田园风光。同时，举办生态旅游文化节、温泉旅游节等品牌活动，可以吸引大量国内外游客，提升咸宁市生态旅游品牌的知名度和美誉度。生态旅游的发展不仅带动了当地经济的增长，还促进了城乡基础设施的改善和公共服务水平的提升，为乡村振兴注入了强大动力。

生态康养产业则是湖北县域生态产业的新兴力量。随着人们健康意识的提高和对美好生活需求的增加，生态康养产业迎来了广阔的发展空间。湖北省罗田县等地可依托良好的生态环境和丰富的自然资源，打造一批生态康养类品牌项目。如利用其丰富的温泉资源和中药材资源，建设罗田温泉小镇、中医药康养小镇品牌。在温泉小镇，游客可以享受温泉浴、中医理疗、养生保健等多种康养服务。在中医药康养小镇，游客可以体验中药材种植采摘、中药加工炮制、中药浴疗等特色品牌项目。

通过推动生态农业与生态旅游、生态康养等产业的深度融合，可以形成多业态互补、多产业联动的发展格局。将生态农产品作为旅游商品和康养食材进行推广，延伸了产业链条，将生态旅游景区与康养基地相结合，打造了集观光、休闲、养生、养老为一体的综合性生态度假区品牌。同时，加强县域的区域间生态产业合作与交流，共同打造生态旅游线路和产业集群，提升了湖北省县域整体生态产业品牌的整体竞争力和影响力。

（3）生态品牌建设与推广

结合县域品牌化建设，湖北省县域积极推动生态品牌建设与推广，进一步提升生态资源的价值和知名度。在生态品牌建设方面，深入挖掘本地生态资源的独特价值和文化内涵，打造具有地域特色的生态品牌标识和形象体系。如设计统一的生态旅游品牌标志、宣传口号和品牌形象，制作精美的生态旅游宣传资料和广告片，通过多种渠道进行传播推广，提高品牌的辨识度和影响力。

同时，湖北省县域加强生态产品质量监管和品牌保护，建立健全生态产品质量标准和认证体系，确保生态产品的品质和安全性。通过举办生态产品展销会、推介会等活动，搭建生态产品市场平台，促进生态产品的销售和流通。如宜昌市伍家岗区举办“灵秀湖北·风情三峡”文旅推介会，向国内外游客展示宜昌市的生态旅游资源和特色产品，吸引了众多旅游企业和投资者的关注，推动宜昌市生态旅游品牌的传播和市场拓展。

积极利用互联网技术和新媒体平台，开展线上生态品牌推广活动。通过建设生态旅游官方网站、社交媒体账号、短视频平台账号等，发布生态旅游资源信息、旅游攻略、游客评价等内容，与游客进行互动交流，提升品牌的知名度和美誉度。如黄陂木兰草原通过抖音、快手等短视频平台开展直播活动，展示草原的美景和特色活动，吸引了大量游客前来游玩，成为了武汉市周边热门的生态旅游景区之一。

4.2 设计策略：基于品牌化理论的“多维整合”模式

4.2.1 理念设计

（1）品牌核心价值提炼

依据县域定位，挖掘其独特的资源优势与文化内涵，提炼出具有高度概括性与感染力的品牌核心价值。如恩施土家族苗族自治州可将“绿色生态、富硒健康”作为品牌核心价值，围绕这一理念整合区域内农产品、旅游产品等各类资源，打造“恩施硒茶”“恩施硒土豆”等一系列具有市场辨识度的品牌产品，使消费者在购买使用过程中能够深刻感受到恩施品牌的健康价值与生态魅力。

（2）品牌理念传播推广

通过多种渠道与方式将品牌理念向全社会传播，包括政府宣传、企业营销、媒体报道等。利用县域官方网站、社交媒体平台、户外广告等媒介，定期发布品牌宣传内容，讲述品牌故事、展示品牌形象，提高品牌理念的认知度与认同感，引导消费者形成对县域品牌的积极认知与情感共鸣，为品牌后续发展奠定坚实的市场基础。

4.2.2 行为设计

（1）品牌管理行为规范

建立完善的县域品牌管理体系，包括品牌规划、品牌注册、品牌运营、品牌保护等环节。成立品牌管理专门机构，制定品牌管理制度与标准，明确各部门、各企业在品牌建设中的职责与义务，确保品牌建设工作有序开展。如对于县域公共品牌的使用，应制定严格的准入条件与质量监管标准，只有符合要求的企业或产品才能使用品牌标识，维护品牌声誉与市场秩序。

（2）品牌服务行为提升

加强县域品牌相关服务行为的规范化与标准化建设，涵盖政务服务、企业服务、旅游服务、农产品销售服务等方面。提高政府服务效率与质量，为品牌企业提供便捷的行政审批、政策扶持等服务；引导企业注重产品与服务质量提升，树立良好的客户导向意识；规范旅游服务人员行为，为游客提供热情、周到、专业的旅游体验；建立完善的农产品售后服务体系，及时处理消费者反馈问题，通过优质的服务行为增强消费者对县域品牌的信任与忠诚度。

4.2.3 识别设计

（1）视觉识别系统设计

构建统一且富有特色的县域品牌视觉识别系统，包括品牌名称、品牌标志、品牌色彩、品牌吉祥物等元素。品牌名称应简洁易记、富有地域特色与文化内涵，以“黄冈教育”品牌为例，该品牌名称直接体现黄冈地区教育产业的优势与特色，品牌标志设计要具有创意与辨识度，能够直观传达县域品牌的内涵与形象，可融合地域自然景观、文化符号等元素进行创作。其品牌色彩选择应与品牌定位相契合，给人以视觉上的美感与冲击力，品牌吉祥物则可作为品牌亲和力的体现，通过生动有趣的形象设计与应用，增强品牌与消费者之间的情感互动。

（2）应用识别系统建设

将品牌视觉识别系统广泛应用于县域的各个领域与场景，包括城市建筑、公共设施、包装设计、宣传资料、交通工具等方面。统一的县域品牌形象展示有助于提升整体性的知名度与美誉度，增强居民的归属感与自豪感。在县域农文旅品牌的产品包装设计中融入统一的品牌视觉元素，有助于强化产品与品牌的关联性，提高产品附加值与市场竞争力，同时，在宣传资料、交通工具等载体上规范使用品牌标识，能够扩大品牌传播范围，加深消费者对县域品牌的印象，形成全方位、多层次的县域品牌形象展示体系。

4.2.4 具体表现

县域品牌的名称、形象口号和标识是品牌的重要物质载体，也是品牌文化内涵的高度浓缩，这些要素既是县域品牌的视觉表达，也是其核心价值和定位的具体体现。在前期分析县域品牌精准定位对品牌塑造的重要作用后，品牌名称、形象标识和口号的系统化设计便成为品牌建设的关键内容，设计应紧密围绕县域品牌的核心主题，结合县域的地域特色、文化内涵和发展愿景进行策划，并通过整合营销传播进行广泛推广。

县域品牌的名称、口号和标识承载着该区域的核心价值、文化内涵和发展目标，是对品牌核心文化的提炼与表达。品牌形象标识和口号是旅游品牌形象的精华提炼和重要标志，是各自地域自然风貌与历史文化特色的高度概括，也是最显著的地域文化印记和标志，具有巨大的市场号召力、凝聚力和影响力。

随着品牌理念的逐步深入，许多县域已经开始重视品牌设计的系统化工作。通过向社会公开征集、与高校合作或聘请专业设计公司，这些地方的品牌标识和形象得到了更专业的塑造。如县域通过大赛征集品牌名称和口号，吸引社会各界的创意与关注，或通过与专业设计机构合作，基于地域文化和经济特色打造独具辨识度的品牌标识体系。因此，将围绕县域品牌名称、形象口号、形象标识等设计要素，分析其开发与设计所面临的问题及策略，探讨如何通过精准化、专业设计提升县域品牌的整体形象与市场竞争力。

（1）县域品牌名称

品牌名称是品牌构建中最基本且最重要的部分，它作为引起消费者心理活动的刺激信号，直接影响消费者对品牌的识别、记忆和联想能力。品牌名称是引起心理活动的刺激信号，其基本功能是帮助消费者识别和记忆商品，给消费者的听觉和视觉刺激感受程度和心理上引起的联想差别很大，从而使其对生产企业的认知感和好感度产生不同。因此，县域品牌名称的好坏不仅会直接影响到产品的营销和受众的第一印象，还关乎品牌的整体传播效果。

县域品牌命名设计的原则需要结合实际情况，同时符合合法合规、简洁易记、暗示品牌属性、激发正面联想等几个关键要点。一个好的品牌名称应当清晰传递品牌核心价值，具有显著的区分度，并能够在传播中激发受众的情感共鸣。优秀的县域品牌名称能直接体现其资源优势和文化内涵，如“恩施玉露”不仅易记易传播，还明确展现了该地特产与区域特色。此外，县域品牌的命名还应融入地方历史、文化与自然元素，以增强品牌的内涵和感染力，如湖北省宜昌市的品牌命名为“屈原故里”，其将地方特色文化与历史渊源紧密结合，形成了独特的品牌识别力。

成功的品牌命名不仅是对地方文化与资源的精准提炼，更是传播与营销的重要手段。好的品牌名称能够通过声音或文字传播给消费者留下深刻印象，并激发联想。一些具有创意和内涵的品牌名称，通过文字和语义产生丰富的想象空间，吸引消费者的注意力，同时在传播中展现区域独特的文化价值和经济优势，这种命名方式不仅便于市场推广，还能通过直观感受拉近品牌与消费者之间的心理距离。

（2）县域品牌口号

品牌塑造过程中，好的品牌形象口号对于一个县域核心价值的体现和对以后的品牌传播具有非常重要的意义。如县域的旅游品牌口号传播是要通过简单凝练、精致形象的语言来传递旅游整体和关联景区的精神内涵和独特之处，这是体现一个旅游品牌区别于另一个旅游品牌的重要标志。在县域品牌塑造过程中，形象口号是展现品牌核心价值和传播效力的重要载体，一句好的品牌形象口号，不仅能够通过精炼、形象的语言传递县域品牌的精神内涵和独特优势，还可以成为品牌与其他竞争品牌区分的重要标志。品牌口号以其简洁有力的表达方式，在传播中起到集中概括和记忆强化的作用，对于提升品牌的市场竞争力和公众认知度至关重要。

县域品牌的形象口号应充分反映地方的核心价值与特色。如湖北省赤壁市以“赤壁古战场 • 天下英雄地”作为品牌口号，既突出赤壁这一著名的三国历史文化资源，又彰显出其英雄气概和历史地位。这种口号能够通过凝练的语言将地方文化与品牌精神高度结合，既传递了赤壁的历史厚重感，也激发了消费者的情感共鸣和旅游期待。

形象口号的设计还需从目标受众的角度出发，回应他们的情感诉求与心理期待。如湖北省恩施土家族苗族自治州以“世界硒都，神秘恩施”为品牌口号，直接体现了其自然资源和健康价值的核心竞争力，同时暗示出神秘而原生态的文化体验，这种针对性强的品牌口号不仅对目标市场具有吸引力，还通过个性化的表达强化了地方品牌的独特性和识别度。

此外，优秀的县域品牌口号应具备叙事性和想象力。如湖北省咸宁市提出的“香城泉都·温暖咸宁”既突出了其独特的温泉资源，又传递出热情好客的文化氛围。这样的品牌口号能够在传播中创造生动的画面感和体验感，使受众在第一时间形成对品牌的直观印象和联想。

总之，县域品牌的形象口号需要以地方资源为核心、以受众需求为导向，通过语言的艺术表达实现品牌内涵的高度提炼与价值传播的最大化。精准设计的形象口号不仅能够帮助品牌脱颖而出，还能通过有效传播提升公众对县域品牌的关注和认可，最终助推县域经济与文化的全面发展。

（3）县域品牌识别

从品牌传播学的角度来讲，品牌识别标识是指品牌中可以被认出、易于记忆但不能用言语称谓的部分。品牌标识通常由文字、图案、符号和颜色等组成，属于一种视觉外化的语言形式，其主要目的是通过形象化的设计，向消费者传递品牌的理念、文化、产品与服务信息，使消费者能够通过品牌标识建立联想并产生认同感。如麦当劳的金色“M”与美国苹果品牌的“苹果”形象，均以简洁鲜明的设计语言塑造了极高的辨识度，成为全球消费者熟知并信赖的品牌符号。这表明，优秀的品牌标识能够通过直观的形象有效影响消费者的记忆并强化品牌联想，对于品牌的传播与推广至关重要。

在县域品牌建设中，品牌标识作为品牌文化和个性的最为直接的呈现形式，应以其简洁性、独特性、传播性和文化性为设计原则。县域品牌标识的设计应充分融入其地方特色、文化符号和产业特质，通过符号化的设计语言展现县域品牌的核心竞争力。如湖北省黄冈市旅游品牌标识以长江、黄冈遗址等为设计元素，融入传统文化与现代艺术手法的结合，既体现了地域特色，又传递了黄冈市的深厚内涵。湖北省恩施土家族苗族自治州品牌旅游标识于2023年发布，其品牌标识以“秘境心悦，施南古韵”为主题，以“恩”的首字母“E”为主体，巧妙地与当地著名的旅游景点结合起来，采用了土司城、五峰山、大峡谷、凤凰山等著名景点的轮廓造型相结合，彰显了当地的历史文化底蕴和地理特征，通过绿色生态和土家文化的视觉表现，呈现少数民族特色形象化，进一步强化了品牌的认知度与传播效果。

近年来，越来越多的县域品牌在推广中逐渐重视标识设计的营销与传播功能。如湖北省荆州市的旅游品牌标识在设计中融入了荆楚凤鸟文化元素和荆州古城形象，通过简洁的艺术形式传递了厚重的文化底蕴和鲜明的地域特色。湖北省襄阳市则以三国文化和现代发展为主线，设计出既具历史感又具现代感的标识，成为襄阳市旅游和文化推广的核心形象。然而，县域品牌标识设计在实际推进中仍存在一些问题。许多县域品牌标识未能充分体现品牌文化内涵和独特个性，仅停留在功能性的视觉设计层面，缺乏对品牌精神的深度挖掘和表现力。部分品牌标识未能紧密围绕品牌定位，导致传播效能较低，难以形成品牌的记忆点和传播点，这种不足不仅限制了品牌的认知度，还可能影响品牌在市场上的竞争力。

综上所述，县域品牌标识的设计在视觉上应易于识别和记忆，同时，需要深入挖掘县域文化和产业特点，体现品牌的个性与内涵。通过优化设计，结合品牌传播的需求，打造具有高度辨识度、强吸引力和文化传播力的标识，使其成为县域品牌的核心资产，助力县域经济与文化的发展。

4.3 传播策略：基于传播理论的“多元融合”模式

县域品牌定位之后，如何将县域品牌形象、品牌文化和品牌产品高效传播给潜在受众，是县域品牌建设的关键环节之一，也是进一步强化县域品牌影响力所要解决的重要问题。在这一过程中，“整合营销传播”理念成为品牌传播中不可或缺的思路和工具，有助于打造品牌知名度与持久竞争力。

品牌经营的核心不仅是塑造品牌形象，更是赢得公众的注意力。县域品牌间的竞争某种程度上也是争夺注意力的竞争，提升县域品牌的知名度和影响力，必须通过形象力与注意力的精细化管理和有效传播。单一传播或营销渠道已经难以满足多样化的消费市场需求，品牌传播需要整合多种资源与手段，进行全方位的品牌理念、文化、名称、标识、产品和服务宣传。核心任务是将品牌定位与品牌口号迅速、准确、全面地传递给目标受众，帮助其建立清晰而深刻的品牌认知。

品牌的传播策略之整合营销传播理论（Integrated Marketing Communication，简称IMC）起源于20世纪90年代，是由舒尔茨教授（Don E. Schultz）提出的一种重要传播理念。这一理论强调品牌传播的所有要素应整合起来，为实现品牌建设目标服务，注重与消费者、利益相关者、内部员工以及社会受众的双向互动与互利关系。王德刚、王素洁等指出，整合型营销以消费者为中心，综合协调多种传播形式，通过一致的信息传递和统一的传播形象，快速树立品牌形象并与消费者建立长期密切关系，实现营销传播目标。

整合营销传播的思维通常包括有两个方面。第一，以受众为中心，整合营销传播强调从受众需求出发设计传播内容和策略，这意味着品牌传播应充分考虑目标受众的心理与需求，注重沟通的实效性。第二，综合利用多种传播渠道，整合营销传播强调将电视、微信、网站、宣传册、广告牌、地标设计、产品包装以及内部员工培训等传播资源有效整合，形成一致的品牌形象，在潜在受众中形成更强烈的认知共鸣。通过深刻的品牌认知与互动体验，受众能够对品牌产生认同，进而提升品牌的知名度、美誉度和忠诚度，实现县域品牌长期竞争优势。

4.3.1 品牌传播原理

拉斯韦尔在1948年提出了传播过程的五种要素，即传播者、信息、媒介、受传者、效果。品牌传播实际上就是品牌拥有者将代表品牌信息的意图编码传播给品牌利益相关者，从而实现品牌价值的过程。品牌传播是特定信息的传播。为实现有效传播，传播者必须清楚，要把信息传播给什么样的受传者以及要获得什么样的反应，传播者的编码过程必须与受传者的解码过程相吻合。作为品牌的传播者，其任务就是把信息传递给受传者，但是受传者在接受信息时，存在着选择性接触、选择性理解和选择性记忆的现象，因此受传者不一定能够按照传播者所预期的那样进行解码。

一般来讲，传播来源的可信度和知名度越高，传播效果越好，信息与接受者的意见及倾向越一致，传播的效力就越大。情感型说服比理智型说服效果更佳。

品牌传播具有四个特点。

① 信息的聚合性。品牌传播聚合了丰富的品牌外在形象和内在质量等信息，它们构成了品牌传播的信息源。

② 受众的目标性。品牌打动受众以后，受众会产生有益于品牌的行为，因此传播者最关注目标受众。

③ 媒介的多元性。品牌传播可选择多种渠道或渠道组合。

④ 过程的系统性。品牌传播系统的构成主要是品牌的拥有者与品牌的受众，二者之间通过特定的媒介、特定的

传播方式传递信息，并产生传播效果、传播反馈等信息互动。品牌被赋予不同的情感价值与象征意义，如愉悦、忠诚、真实、纯洁和自然等含义，消费者通过购买品牌来体会这种美好感觉，从而形成了品牌认知和品牌忠诚。品牌正是借由品牌传播来宣传和倡导，从而使消费者接受并产生共鸣。因此，品牌传播是决定品牌价值和品牌文化形成的重要力量。

4.3.2 内外融合传播

县域品牌的文化内涵丰富，单靠目标群体自身的感受未必能够全面理解和体验其深层价值。因此，县域品牌需要通过精心设计的传播策略，利用多种媒介和渠道将品牌理念、文化内涵及产品信息有效传递给消费者，从而增强品牌影响力和吸引力。

（1）县域品牌的内部传播

县域品牌的内部传播是指利用县域内部的传播载体，将品牌的名称、标识、理念和文化通过各种形式展现给受众的过程。通过内部传播，受众可以在品牌所在地直接感受到品牌的文化与价值。如县域品牌的内部传播途径主要包括公共服务设施、产品包装、宣传材料、标识系统、地方文化活动、导览解说和工作人员的行为表现等，而这些传播载体可以以直观的方式展示品牌形象，如宣传手册、导览标牌、特色产品包装设计和工作人员的品牌化服装等。这种沉浸式的传播形式能够让消费者在接触品牌的同时，感受到品牌独特氛围和价值主张。

（2）县域品牌的外部传播

县域品牌的外部传播是通过外部媒介，将品牌的核心价值、文化特色及产品优势推广到更广泛的目标受众中去的过程。这一传播方式的途径多样，包括传统媒体（如电视、报纸、期刊、杂志）、新兴媒体（如社交平台、网络广告、短视频平台）、户外广告（如公交站牌、城市地标广告），以及旅游展览会和招商会等线下活动。如县域品牌通过与全国性媒体合作发布专题文章，或在社交平台上策划互动活动，扩大品牌影响力。然而，需要注意传播的针对性，避免传播范围局限于本地，确保县域的品牌形象能够在更广泛的受众中形成认知。

互联网的出现和发展为县域品牌传播提供了新的可能性。互联网的实时性、交互性、广覆盖和低成本等优势，使其成为县域品牌传播的重要工具。品牌可以利用官方网站、微信公众号、微博等多种形式传递品牌信息。如县域品牌可以通过制作专题网站或开设品牌专区来全面展示品牌的历史、文化和产品。此外，结合短视频、直播等新兴传播方式，可以更具互动性地展示县域特色，吸引年轻受众的关注。

社交媒体和移动端平台已成为县域品牌传播的重要渠道。微信公众号、微博、小红书、抖音等社交平台为品牌提供了精准触达消费者的方式。如县域品牌可以利用微信平台开展活动宣传，通过推送景点介绍、特色活动、产品优惠信息等内容，与受众保持高频互动。此外，通过扫描二维码、线上购票、限时优惠等方式，品牌可以吸引更多消费者参与，进一步增强用户黏性。

现代县域品牌传播需要实现线上线下的有机结合。如品牌通过线上订购与线下消费结合的模式，提供便捷的服务体验，同时利用线下活动增强品牌文化的沉浸感。通过打造品牌体验馆、开展特色节庆活动等方式，县域品牌可以将传播活动直接融入受众的生活场景中，从而提升品牌的记忆度与美誉度。

多媒介多渠道的传播策略是县域品牌建设的重要组成部分。通过整合传统媒介与新兴数字媒介，以及内部传播与外部传播手段，县域品牌可以形成统一的传播形象和价值输出，从而在激烈的市场竞争中占据一席之地。

4.3.3 文化营销传播

（1）捕捉新闻热点与舆情动态

关注社会热点话题、行业发展趋势以及网络舆情动态，及时将县域品牌元素融入其中，进行借势营销传播。如当健康养生成为社会热点时，可加大县域生态农产品、康养旅游品牌等的宣传推广力度，通过发布相关研究报告、消费者好评案例、专家推荐等内容，引导公众对县域健康品牌的关注与信任。对于网络上出现的与县域品牌相关的舆情信息，应及时回应、积极引导，化解负面舆情危机，将舆情事件转化为品牌传播的契机，提升品牌知名度与美誉度。

对于县域品牌来说，事件营销是一种强有力的传播策略，能够在短时间内通过新闻效应吸引外界关注，为县域品牌带来巨大的传播效益。利用具有独特意义的文化事件、自然事件或者热点话题，结合地方特色进行品牌推广，不仅能扩大品牌的传播范围，还能增强其文化内涵与吸引力。县域品牌可以有效结合地方资源和社会热点，将地方品牌传播至更广泛的受众，为品牌建设注入强大的推动力。

（2）借力重大活动与节日

充分利用湖北省县域内举办的各类重大活动、传统节日、民俗节庆等时机，开展品牌传播活动。如在武汉光谷国际灯光节期间，可组织县域特色农产品展销、文化旅游推广等活动，吸引大量游客与市民参与，提升县域品牌曝光度；在春节期间，以返乡大年主题开展县域特色年货推广、民俗文化展示、旅游线路优惠等活动，借助人们回家过年的浓厚情感氛围，强化对县域品牌的认知与记忆，激发消费欲望与返乡创业热情。

随着节事活动与旅游业的深度融合，节事活动已不再是单一的文化或娱乐项目，而逐渐演变为吸引游客的重要旅游资源，同时也成为推动县域品牌传播的重要营销方式，不仅能够强化当地品牌形象，还可以通过活动的组织与传播带动县域整体品牌的发展。如乌镇戏剧节通过戏剧文化的展示和交流，成功提升了乌镇的文化旅游品牌价值，展现了节庆活动与品牌推广的高度统一。

此外，节事活动不仅可以提升品牌知名度，还能促进县域经济发展和文化传播。通过吸引游客、刺激消费、增强居民自豪感等多重效应，节事活动为县域品牌的持续发展提供了强有力的支持。因此，将节事活动作为品牌传播的核心策略之一，可以有效实现文化与经济的双重收益，为县域品牌的可持续发展奠定基础。

节事活动的成功离不开明确的品牌定位和精心策划。首先，节事活动需要突出地方特色，将县域品牌的核心价值融入活动主题。如可依托本地的非遗文化、自然景观或农业资源设计节事活动，以增强品牌的独特性与吸引力。其次，活动策划与传播需要多方位、多层次的协同推进，通过线上线下联动实现传播效应最大化。

通过节庆营销与传播，县域可以实现多重目标，吸引游客、推广特色产品、传播品牌文化，同时促进县域经济和文化建设。这不仅丰富了游客的体验，也为县域品牌内涵的传播提供了创新的途径，从而实现品牌效应的持续扩大。

4.3.4 媒介融合矩阵

（1）传统媒体与新媒体融合

充分发挥传统媒体如电视、报纸、广播等的权威性与公信力优势，以及新媒体平台如微信、微博、抖音、快手等的传播速度快、互动性强、受众覆盖面广等特点，实现优势互补。如湖北广播电视台可开设县域品牌专题节目，深入报道县域产业发展成果、文化特色与品牌故事，同时通过抖音等短视频平台发起县域品牌挑战赛或话题讨论，吸引更多用户关注与参与，扩大品牌传播声量。

（2）线下媒体与线上媒体融合

结合县域实际情况，合理布局线下媒体资源，如户外广告牌、公交站台广告、社区宣传栏等，与线上媒体传播形成协同效应。在县域主要交通干道、旅游景区等人流密集区域设置大型户外广告牌，展示县域品牌形象与特色产品，利用公交站台广告开展县域旅游线路与景点宣传，吸引过往游客，社区宣传栏则可发布县域品牌相关信息、政策解读以及居民生活服务指南等内容，贴近居民生活，提高品牌传播的精准度与实效性。

4.3.5 对象精准锁定

（1）消费者层面

深入分析不同消费群体的需求特点与消费习惯，针对年轻消费者、中老年消费者、家庭消费者等制定差异化的传播策略。如对于年轻消费者群体，可利用社交媒体平台开展创意营销活动，如推出具有互动性、趣味性的县域品牌主题游戏、线上直播带货等，吸引其关注与购买；对于中老年消费者，则可通过电视广告、社区推广等方式，强调县域产品品质、健康价值与传统文化内涵，满足其对品质生活与文化传承的需求；针对家庭消费者，设计家庭装产品组合，开展亲子体验活动等，增强品牌在家庭消费市场中的影响力。

（2）投资者与合作伙伴层面

面向国内外投资者、企业合作伙伴、科研机构等，突出县域的投资环境优势、产业配套条件、政策扶持力度以及品牌发展潜力等方面进行传播推广。制作精美的县域投资指南、产业招商手册等宣传资料，参加国内外各类投资贸易洽谈会、产业对接会等活动，进行宣传资料的发放与展示，同时利用专业招商网站、行业媒体等渠道发布招商信息与合作项目，吸引更多的投资与合作机会，为县域品牌发展注入外部资源与创新活力。

4.3.6 危机处理维护

（1）建立健全危机预警机制

加强对县域品牌可能面临的各类危机风险的监测与预判，包括产品质量问题、环境污染事件、知识产权纠纷、网络谣言等。建立品牌危机监测团队，利用大数据分析、舆情监测工具等手段，实时收集与分析各类信息，提前发现潜在危机隐患，及时发出预警信号，为危机应对争取宝贵时间。

（2）制定科学有效的危机应对策略

当品牌危机发生时，应迅速启动应急预案，按照危机事件的性质、严重程度等采取相应的应对措施。对于产品质量问题，应立即停产整改，召回问题产品，公开向消费者道歉，并及时公布整改措施与结果，挽回消费者信任。对于网络谣言，应及时通过官方渠道发布澄清声明，提供真实准确的信息，同时运用法律手段追究造谣者责任，维护品牌合法权益。在危机处理过程中，注重与媒体、公众、消费者等各方的沟通交流，保持信息透明度，积极引导舆论走向，尽快恢复品牌声誉，将危机损失降至最低限度。

在湖北省县域品牌化建设过程中，定位策略、设计策略与传播策略并非孤立存在，而是相互关联、相互影响、相互促进的有机整体。精准的定位策略为设计策略与传播策略提供了明确的方向与依据，确保设计与传播活动能够围绕县域的核心优势与特色展开，避免盲目性与资源浪费。科学合理的设计策略将定位所确定的品牌理念、价值内涵等通过具体的行为规范与视觉形象展示出来，使其更具可操作性与感染力，为传播策略的有效实施奠定坚实基础。而有力的传播策略则将定位与设计成果推向市场与公众视野，扩大品牌知名度与影响力，吸引更多的资源与关注，进一步强化定位的准确性与设计的科学性，形成一个策略互动融通、持续优化升级的县域品牌化发展良性循环体系。

如黄冈市在推进县域品牌化建设中，基于乡村振兴战略的定位策略，明确了以特色农产品、文化教育、生态旅游为重点发展方向，在设计策略上，提炼了“人文黄冈、绿色崛起”的品牌核心价值理念，构建了统一的品牌视觉识别系统与行为规范标准。在传播策略中，通过整合传统媒体、新媒体、线下活动等多种传播渠道，针对不同受众群体开展精准营销推广活动，成功打造“黄冈教育”“黄冈板栗”“英山茶叶”等一系列具有较高知名度与影响力的品牌，带动了地方经济发展、农民增收致富以及文化传承弘扬，实现了县域品牌化的整体效能提升，为全省乃至全国县域品牌化建设提供了有益借鉴。

总之，在新发展理念的引领下，湖北省县域品牌化建设迎来了前所未有的发展机遇。通过构建基于乡村振兴战略的“多面一体”定位策略、基于品牌化理论的“多维整合”设计策略以及基于传播理论的“多元融合”传播策略，并促进三大策略之间的互动融通，湖北省县域能够深入挖掘自身特色优势，塑造鲜明独特的品牌形象，扩大品牌影响力与市场竞争力，有效推动乡村振兴战略的实施落地，实现经济、社会、文化与生态环境的协调可持续发展。

第5章

县域品牌化设计模型

5.1 设计模型的相关理论

5.1.1 基于顾客的品牌资产理论

（1）品牌资产理论

品牌作为一种有着特殊意义的符号，是一种能够增值的资产，对于创建品牌资产来说，品牌要素的选择是一项基础性的工作，品牌要素是实现产品及产品差异化的一种形象性与表述性信息，可以强化消费者的品牌认知，促进其品牌联想，开展好各种营销活动与提升次级联想则是接下来的关键环节，高水平的品牌认知和积极的品牌形象有利于创立品牌资产。品牌认知由品牌认同和品牌回想率组成，品牌形象由顾客记忆中的品牌联想来反映，是通过联想与记忆中的品牌联系起来的营销活动所建立。品牌的创立是一个极为复杂和困难的过程，可以划分为六个阶段，即品牌出现、品牌性能、品牌形象、品牌判断、品牌感受及品牌共鸣。

基于顾客的品牌资产理论是从顾客的角度来论述品牌资产，离开受众群体的支持与响应，品牌不可能建立起来。只有品牌与受众的关系建立起来，品牌有了知名度与客户忠诚度，品牌才能创造出更多附加值，品牌资产才能确立。

凯文·莱恩·凯勒提出，品牌要对顾客的理性与感性都有吸引力，仅从感性或理性角度满足顾客是单一维度，是远远不够的，这一理论的特殊之处在于反映了较强的市场营销思想，品牌的构建不能脱离开营销，否则很难保证其效果。

（2）品牌资产理论与县域品牌化

基于品牌资产理论的县域品牌化设计，旨在通过系统的品牌构建与管理策略，提升县域的知名度、美誉度和市场竞争力。品牌资产由品牌认知度、品牌忠诚度、品牌联想、品牌感知质量等要素构成。

① 提升品牌认知度。通过多元化的传播渠道，如社交媒

体、地方媒体、户外广告等，广泛宣传县域的特色资源、产业优势和文化元素，设计具有辨识度的县域品牌标识和形象口号。

② 建立品牌忠诚度。通过持续的产品创新、优质的服务体验和会员制度等客户关系管理手段，增强消费者与县域品牌的黏性。

③ 强化品牌联想。深挖县域的历史文化、民俗风情和自然资源，将其转化为品牌形象的核心元素，如将劳作场景、农作表演等视觉符号结合，使消费者在看到品牌时联想到独特的文化体验。通过品牌故事的讲述，增强品牌的情感价值。

④ 注重品牌感知质量。加强县域内产业的质量管控，建立标准化生产流程和质量追溯体系，确保产品或服务的稳定性和可靠性，只有通过严格的农产品质量认证和防伪标识认证后，才可提升消费者对品牌质量的信任。

综上，基于品牌资产理论的县域品牌化设计，需综合运用品牌传播、文化挖掘、质量提升和受众群体和各层面的客户关系管理等策略，打造具有核心竞争力和长期价值的县域品牌，推动县域经济的繁荣与持续力发展。

5.1.2 文脉品牌构筑理论

（1）文脉品牌构筑理论

文脉指的是有关该品牌的相关知识或信息，阿久津聪认为品牌价值不仅包括商品的价值，还包括人们心目中积累的有关品牌知识的价值。品牌价值的决定者是消费者，单纯的产品或者服务无法直接提升或降低品牌价值，提升品牌价值可以通过赋予品牌以丰富有效的文脉加以实现。由于沟通主体各自拥有的文脉不同，品牌很难把自己真正的意图传达给受众群体，就需制订战略规划，即企业需要有计划地把利于理解沟通信息的文脉融入信息中，与顾客共享文脉。

品牌构筑的框架由品牌识别、品牌沟通与品牌形象三部分构成，作为品牌构筑的三个领域是紧密相连的，即需要树立品牌识别，在顾客心中建立品牌形象、品牌沟通并联结二者。消费者心目中的品牌形象向产品或服务的预期理想形象方向发展的，需要通过品牌沟通从中发挥作用加以实现。

（2）文脉品牌构筑理论与县域品牌化

在当今竞争激烈的市场环境中，县域品牌化设计对于提升县域的知名度、美誉度和竞争力具有重要意义。文脉品牌构筑理论强调品牌价值不仅源于产品或服务本身，更来自受众消费群体心中所积累的品牌相关印象。对于县域品牌而言，文脉包含丰富的历史文化、自然资源、风土人情、特色产业等元素，挖掘和整合这些文脉，是县域品牌化设计的关键。

县域需明确和挖掘自身地域性强、独特性强的文脉特质，县域以古老的民俗文化闻名，就将其作为核心识别元素，打造具有辨识度的品牌标识与口号，让消费者一眼就能联想到该县域整体印象。品牌沟通则要运用多种渠道与消费者互动，将文脉融入其中，比如通过举办民俗文化节、拍摄宣传视频等方式，向外界传递当地文化的魅力，增进消费者对县域品牌的了解。品牌形象塑造则是要围绕文脉展开，以优美的自然风光为背景，结合特色农产品与手工艺品，构建起绿色、生态、人文的县域品牌形象，吸引游客前来观光旅游，购买当地产品，从而实现县域经济的可持续发展，提升县域品牌的价值和影响力。

5.1.3 消费者市场价值理论

（1）消费者市场价值理论

杰格迪什·谢斯与本瓦利·米托（2004）在分析消费者行为时，把需要与需求相区分，提出品牌产品或服务只有在具备能够满足消费者需要及需求的能力时，才会创造品牌价值。市场价值就是指品牌产品或服务具有能满足消费者需要和需求的能力，包括一般价值、个人价值或两者的结合。其中，一般价值满足消费者需要，即消费者购买产品所寻求的最基本目的，而个人价值则是满足消费者需求，即超出消费者购买品牌产品最基本目的的那些价值。

对于消费者来说，一般价值是性能，个人价值是社会价值与情感价值。消费者购买、消费某种品牌产品既要获取实际性能，也希望得到其它利益，诸如感官愉悦、成就感及期望的心情等。产品如果能够与某一社会群体形象相关联，它就体现了社会价值，受社会价值驱动的消费者会选择代表某一群体形象的品牌产品，或选择与所期望的社会形象相关联的产品。产品为使用者带来的愉悦与情感满足就是情感价值，产品总体而言必须首先提供一般价值，然后是个人价值。

（2）消费者市场价值理论与县域品牌化

消费者市场价值理论与县域品牌设计的关联性在于，该理论为县域品牌设计提供了以消费者需求为导向的思路。其核心在于产品或服务能否同时满足消费者的基本功能需要与情感、社会等附加价值需求。县域品牌要想在市场中脱颖而出，必须以满足消费者的一般价值为基础，同时挖掘其潜在的个人价值。

县域品牌化首先要精准定位消费者的一般价值。如县域以传统手工艺品闻名，其品牌设计必须突出手工艺品的基本使用价值（如耐用性、实用性），这是满足消费者基本需求的前提。同时，品牌需要挖掘情感价值与社会价值。如通过讲述工匠的传承故事（情感价值）或赋予手工艺品“文化符号”的社会意义，吸引消费者。县域品牌设计应从以下两个层面促进消费者市场价值的实现：

第一，挖掘地方特色资源。将自然景观、民俗文化、特色产业等转化为具有一般价值的商品（如农产品、旅游产品），并通过品牌叙事赋予其情感与社会价值。如打造“非遗竹编”品牌，不仅强调竹编的实用功能（一般价值），通过“非遗传承人”故事让消费者感受到文化保护的意义（个人价值）。第二，精准定位目标消费群体。根据不同群体的需求设计差异化品牌体验。如针对年轻消费者设计文创联名款竹编产品（满足个性化需求），为中老年群体突出传统工艺的品质感（强调一般价值）。

从消费者市场价值理论出发，县域品牌设计可遵循以下路径。

① 需求分析。通过问卷调查、社群观察等方法分析目标消费者的核心需求与情感需求。

② 价值提炼。从县域资源中提取与消费者需求匹配的价值点。如将“有机稻米”与“健康饮食需求”关联，同时通过“稻田认养计划”满足消费者参与农业体验的情感需求。

③ 符号构建。将抽象价值转化为可感知的品牌符号。如用“稻浪”图案设计包装体现自然价值（一般价值），用“农民笑脸”标识传递社会责任感（个人价值）。

④ 体验设计。通过线上线下融合的体验场景强化价值传递。如打造“乡村手工艺研学基地”，让游客在消费过程中感知手工艺品的文化与情感价值。

消费者市场价值理论为县域品牌提供了一套系统性的价值创造框架，包括以满足基本功能需求为起点，通过挖掘情感与社会价值构建品牌形象。县域品牌化的关键，在于如何将地方资源转化为满足消费者多层次需求，进而转化为价值符号，从而实现其品牌溢价与市场竞争力的提升。

5.1.4 符号学理论

（1）符号学理论

符号是由符号形体、符号对象和符号

解释构成的三元关系。符号的三元关系，表明符号是一事物表征另一事物，以传达一定的讯息意义。所谓表征，包括代表、表示、象征等含义。符号总是用甲事物来表征乙事物，甲事物不是乙事物，但是由于它表征乙事物，因而总是在传达某种意义。

皮尔斯的符号理论体现了一种开放的思路，认为在符号三角中的解释物本身又是一个符号，自身又处在一个三元关系中，而该三元关系中的解释物又处于另外一个三元关系中，这一解释过程，原则上可以无限地进行下去，直到解释者认为解释够了为止。

皮尔斯提出了基于三元关系中的三个实体的分类模式，即根据作为媒介物的符号、符号的对象和符号的解释物进行分类，这是目前比较广泛接受的对于符号的分类。其中影响最大的是根据符号的对象所作的分类。根据这一标准，符号分成三类：象似符、标志符和象征符。象似符主要通过表征物和对象的相似之处来代表一个事物；标志符是通过表征物与对象之间存在的因果关系来代表事物；象征符是通过一个法则或者规约的作用表示对象的符号。在人类符号活动中，应用最多、最具代表性的是象征符。

（2）符号学理论与县域品牌化

符号学理论为县域品牌化提供了独特的视角与方法。从符号的三元关系来看，符号形体是县域品牌外在的呈现形式，如县域的标志性建筑、特色农产品、传统手工艺品等；符号对象则是县域品牌所代表的内涵，包括县域的历史文化、自然资源、产业特色等；符号解释则涉及消费者、游客等受众对县域品牌的解读与认知。山西省平遥县以其古城墙作为符号形体，代表平遥古城深厚的古代金融文化、历史文化等符号对象，游客对平遥古城的古朴、商业繁荣等解读便是符号解释。这三者相互关联，共同构成了县域品牌符号系统。

从符号分类角度分析，象似符在县域品牌化中有着重要作用。县域的自然景观、特色建筑等往往因其与客观事物的相似性成为象似符。桂林山水的优美画面，与实际山水景观相似，直接代表了其自然之美，吸引游客前往。标志符也不可忽视，如县域的地理标志产品，通过与当地特定地理环境的因果关联，成为县域品牌的标志符。普洱茶产自云南省普洱市特定区域，因其品质与当地独特的气候、土壤等条件紧密相连，成了普洱市县域品牌的标志符，消费者看到普洱茶就能联想到普洱市县域。象征符在县域品牌化中的应用更为广泛，它通过约定俗成的规则来表示县域特色，一个县域可以将传统节日作为象征符，通过长期的文化宣传和活动举办，让该节日象征着县域的民俗文化特色。

在县域品牌化实践中，应充分利用符号学理论。一方面，要挖掘和塑造独特的符号形体，结合本地特色资源打造引人注目的品牌形象。另一方面，要明确符号对象，深入挖掘县域的产业、文化、历史等内涵，使品牌具有深厚的底蕴。同时要关注符号解释，通过有效的传播手段，引导受众形成积极的品牌认知。根据不同类型的符号特点，合理运用象似符、标志符和象征符，构建丰富多元的县域品牌符号体系，提升县域品牌的知名度和影响力。

5.2 县域品牌设计模型构建

5.2.1 调研分析

（1）调研目标

县域品牌设计调研的核心目标是全面了解区域品牌设计的现状和潜在需求，为构建适合县域实际的品牌设计模型提供科学依据。通过调研，重点分析品牌文化符号的挖掘情况、消费者的行为习惯以及市场竞争格局，以确保模型能精准回应地方市场和文化的特殊需求。同时，调研将对品牌建设中存在的共性问题和个性化需求进行系统总结，为县域品牌的进一步优化和提升提供策略指导。

（2）调研范围

调研范围覆盖县域整体资源，聚焦农业、文化、旅游、制造业等关键领域，选取具有知名度和代表性的要素作为研究对象，如潜江龙虾、宜昌蜜桔、蕲春蕲艾等。调研广泛覆盖不同经济发展水平的县域，综合考量品牌资源、发展环境及市场表现，为县域品牌设计提供多维度的参考。

（3）设计调研

① 定性研究

深度访谈：与品牌管理者、设计专家、消费者进行面对面或线上访谈，获取对品牌设计的直接反馈。

文献分析：整理湖北省相关政策、市场报告和品牌建设经验，为调研提供理论和数据支持。

② 定量研究

问卷调查：针对消费者品牌认知和需求进行结构化问卷调研，涵盖品牌命名、标识设计、文化内涵等核心问题。

数据分析：利用统计分析工具对收集的数据进行整理和建模，提炼县域品牌设计的关键影响因素。

③ 案例研究

对比分析省外乃至国际的优秀县域品牌案例，提取具有借鉴意义的设计经验和传播策略。

（4）调研内容

在当今竞争激烈的时代背景下，县域品牌化对于提升县域的知名度、促进地方经济发展以及增强其综合竞争力，具有至关重要的作用。科学合理的调研模型，是实现县域品牌化成功设计的关键前提。

① 调研内容

县域品牌定位：旨在明确县域的核心形象与独特卖点。需要深入了解县域的产业优势、地理区位、文化特色等诸多因素，确定其在区域乃至全国市场中的独特定位，如是侧重于生态农业、文化旅游，还是特色产业制造等方向。

县域品牌体系构建情况：调研县域品牌核心标志、品牌口号以及子品牌建设等情况。核心标志是否简洁易记且富有地域文化内涵，品牌口号能否精准传达品牌形象与价值主张，各层级的品牌建设是否围绕核心品牌形成协同效应，都是调研的重点所在。

县域品牌资源：自然资源方面，详细考察县域的地理地貌、气候条件、生态环境等，如独特的山川湖泊、肥沃的土地、宜人的气候等，这些都可能成为品牌化的依托，如“枸杞之乡”中宁县，其独特的气候和土壤赋予了枸杞高品质的特性。人文景观方面，包括历史遗址、古建筑、传统村落等，它们承载着地域的历史文化记忆，具有极高的旅游开发价值，是县域品牌文化内涵的重要体现。产品或服务方面，包括梳理县域内具有特色的农产品、手工艺品、工业产品以及旅游服务等，分析其质量、特色、市场份额和消费者口碑，确定有潜力打造成为品牌拳头产品或服务的项目。民俗民风与活动庆典方面，包括记录当地的传统节日、民俗活动、风俗习惯等，这些独特的文化元素可以为品牌注入鲜活的生命力，吸引游客和消费者，增强品牌的亲和力与吸引力。历史文化方面，包括深入挖掘县域的历史沿革、名人故事、历史事件等，将厚重的历史文化底蕴融入品牌建设，使品牌更具文化底蕴和历史价值。手工技艺与非遗方面，包括保护和传承当地的非物质文化遗产，如传统手工艺、民间艺术等，将非遗元素与现代设计理念相结合，开发具有创意的文化产品，提升品牌的独特性与竞争力。

② 调研方法

SWOT分析：通过对县域品牌的优势（Strengths）、劣势（Weaknesses）、机会（Opportunities）和威胁（Threats）进行系统分析，全面评估县域品牌所处的内外部环境，有助于明确品牌发展的有利因素与不利因素，从而制定出符合实际的品牌战略。如县域在生态环境方面具有优势，但可能在资金、技术、人才等方面具有劣势，以及国家政策支持所带来的机会和外部市场竞争加剧的威胁，综合分析后才能确定品牌化的发展路径。

PEST 分析：从政治（Political）、经济（Economic）、社会（Social）和科技（Technological）四个宏观环境层面进行

调研。了解国家和地方的政策法规对县域品牌建设的支持或限制，分析宏观经济形势对县域产业发展的影响，把握社会文化变迁带来的消费需求变化，以及跟踪最新科技发展动态，探索科技赋能县域品牌的机会，利用互联网、大数据、人工智能等技术提升品牌传播与营销效果。

通过以上全面且系统的调研内容与科学合理的调研方法，能够为县域品牌化的设计提供准确、深入的数据支持和分析依据，从而确保县域品牌化的顺利推进与成功实施，提升县域在区域竞争中的综合实力与影响力（图5-1）。

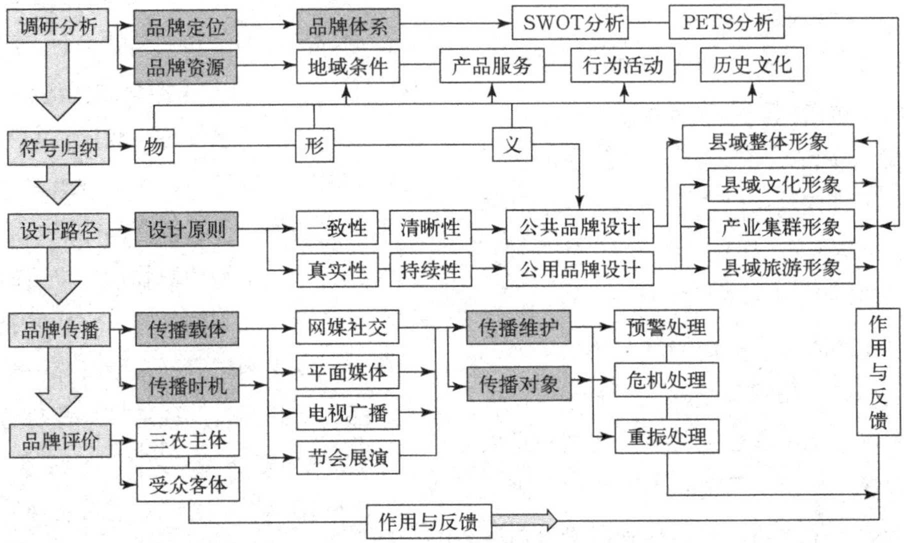

图5-1

县域品牌化设计模型图

（5）湖北省县域品牌调研分析

调研内容旨在全面梳理湖北省县域品牌设计的现状、潜在需求及市场表现，从品牌资源、消费者行为、市场竞争、政策与行业背景四个层面进行深入分析，确保调研结果能够为县域品牌设计模型的构建提供全方位的支持。

① 品牌资源分析。湖北省具有丰富的自然资源，为县域品牌提供了得天独厚的基础。如恩施玉露依托高山云雾的独特生态环境，成功塑造了绿色、有机、高端的品牌形象，潜江龙虾则利用水域资源形成了全产业链的品牌模式。湖北地区的历史文化资源深厚，如荆州楚文化、随州编钟文化，这些资源为品牌注入了鲜明的文化符号。然而，县域文化资源的开发深度仍有很多不足，例如品牌故事性不强，未能充分体现文化内涵等。

湖北省县域积极整合合作社、龙头企业等社会资源推动品牌建设，如蕲春蕲艾品牌通过合作社统一生产标准，形成了具有市场竞争力的产业链，然而，因为区位优势和自然资源受限，各个县域的社会资源整合不同，整合能力偏弱导致品牌资源分散，县域整体竞争力不足。

② 消费者行为。通过对消费者认知、偏好、购买渠道和文化倾向的分析，可以明确湖北省县域品牌在不同市场层面的表现和挑战。

消费者对品牌的选择受到多个因素的综合影响，包括产品质量、品牌文化、地理标志及品牌故事等。消费者更加注重品牌产品的质量表现，特别是食品和日用品领域，安全性和品质保障是其选择的重要依据，如湖北省宜昌市的蜜桔因其口感独特且质量稳定，成为消费者青睐的品牌。消费者倾向选择能够反映地域特色和文化价值的品牌，尤其在中高端消费市场，品牌的文化内涵显得尤为重要，如蕲春蕲艾的消费者常因其与传统中医药文化的深厚联系而产生情感上的共鸣。具有地理标志的产品因其稀缺性和溯源体系受到消费者的高度认可，这类产品在消费者心中通常代表着“优质”和“正宗”。带有独特故事的品牌更容易被消费者记住并形成消费黏性，如潜江龙虾通过打造“稻虾共生”的产业故事，强化了品牌的生态和健康价值，成为全国消费者的选择之一。

③ 市场竞争分析。湖北省县域品牌在本地市场具有较强竞争力，但区域市场分割现象明显，品牌辐射能力不足。县域品牌如潜江龙虾在细分市场中占据优势，潜江龙虾品牌价值高，成为国内龙虾产业的领军品牌。但对于部分通用性较强的农产品品牌，如大米、水果等，在全国范围内就缺乏差异化竞争力。尽管湖北省是农业大省，但其大米品牌在全国市场的竞争中并不突出，需要通过品牌差异化和特色化提升竞争力，如孝感米酒整体国际化程度较低，品牌形象和包装设计难以满足国际消费者的审美与功能需求，因此，提升县域品牌的国际竞争力，需要加强品牌国际化战略，适应国际市场的需求。

多数县域品牌仍处于成长初期，尚未形成强大的品牌资产。品牌维护和升级机制的缺乏导致部分品牌的影响力难以持续，甚至出现品牌“老化”“更新较慢”问题。县域品牌需要加强品牌管理，延长品牌生命周期，提升品牌的市场竞争力和品牌价值。

④ 政策与行业背景。湖北省人民政府发布的《关于推进品牌强省建设的若干意见》明确提出，要健全品牌保护体制机制，提升品牌行业保护和自律机制，并提高市场主体自我维权能力，有效遏制商标侵权行为。

县域品牌设计具备可行性，政府的支持为品牌设计提供了坚实的基础，如湖北省农业部门安排专项资金用于“三品一标”品牌培育，文化厅创建6个国家级文化产业品牌集群示范基地，质监局培育湖北名牌91个，知识产权局优化知识产权工作体系，促进专利申请量持续高速增长。国资委争创驰名商标纳入企业评价、考核、薪酬奖励范畴，已认定62个服务业重点品牌、29个“湖北老字号”。强调发展提升制造业品牌、加强农产品品牌建设、加快培育服务业品牌、推进品牌集群建设、发展“老字号”和知名商号品牌以及争创具有国际竞争力的出口品牌等六大任务，旨在通过政策引导和支持，促进品牌建设与经济发展的深度融合。

5.2.2 符号归纳

符号学理论认为，品牌符号不仅是对品牌物质形态的简化表达，也是品牌文化、价值观及市场定位的象征。在县域品牌建设中，符号归纳的任务是从自然资源、文化遗产和产业特征中提取核心元素，建立具备传播力和辨识度的品牌符号体系。

这一过程的目标是将县域的核心竞争力和文化精髓转化为符号形式，通过系统化的设计提升品牌传播效果。基于符号学理论，县域符号化提炼和归纳的原则注重四点，具体包括识别性、文化性、传递性和动态性。注重识别性，符号需具备鲜明特征，能够迅速在市场中与其他品牌区分开；注重文化性，符号必须体现县域的文化特色，传递本土文化的独特价值；注重传递性，符号设计需直观且易于传播，通过视觉、语言等媒介吸引消费者注意；注重动态性，符号应具备适应性，能够随着社会环境、消费者需求和技术发展的变化调整。

（1）物：基于实物的品牌符号构建

县域品牌符号的构建首先需要以实物为基础，通过深度挖掘和艺术化表达，将具有地域代表性的自然资源、历史文化遗存等转化为品牌的核心符号。这些符号不仅是品牌形象的重要载体，也承载了县域的独特资源优势和文化特质。

① 自然资源符号。湖北省素有“千湖之省”之称，拥有丰富的自然资源，这些资源为品牌符号的构建提供了广阔的创作空间。潜江龙虾是湖北省农产品品牌的典型代表，可以以小龙虾的形象作为符号基础，在品牌符号设计中将其红色外壳和活跃的姿态融入视觉化表现，不仅体现了产品的鲜美与生机，还与消费者的味觉记忆紧密关联。恩施玉露茶形象则以优质绿茶为符号原型，展现茶叶的纤细形态和自然绿色调，传递健康生态的品牌内涵，这一符号不仅承载产品属性，还象征着大自然的馈赠。神农架以其独特的原始森林资源为符号核心，可以选取金丝猴、冷杉等珍稀动植物形象，形成极具辨识度的品牌符号，同时展现湖北省作为生态保护与自然遗产地代表性的独有品牌价值。

② 历史文化符号。湖北省是楚文化的发源地，悠久的历史为品牌符号提供了深厚的文化根基。挖掘历史文化中的实物形态，将其转化为品牌符号，不仅可以丰富品牌内涵，也能增强消费者的文化认同感。蕲艾作为湖北省独有的中草药资源，符号设计中常采用艾草的叶片或艾制品的形象，强化品牌与中医药文化的深度连接。荆州古城可以将古城墙和历史遗迹作为符号原型，再现荆州城楼的形态特征，突出湖北省作为楚文化名片的历史底蕴，不仅可以体现历史沧桑感，还可以强化湖北省在全国文化版图中的地位。黄鹤楼作为中国历史名楼，其形象已经成为武汉市乃至湖北省的标志，提炼楼阁的建筑轮廓和金黄色调进行品牌设计，可以表达出湖北省悠久的文化传承和独特的地域风采。

③ 产业符号。优势产业资源同样为品牌符号提供了重要参考。潜江稻虾共作模式已成为湖北省农业现代化的典范，稻田与小龙虾形成的特色景观可以作为品牌符号的基础，体现湖北农业的生态化与可持续发展。武汉光谷作为全国知名的高科技产业园，其汉字“光”的符号化设计，融入光纤、激光等实物元素，象征湖北在科技创新领域的领先地位。

挖掘自然资源、历史文化和产业优势中的代表性实物，并将其转化为品牌符号，不仅能够突出湖北县域品牌的核心价值，还能有效建立品牌与消费者之间的情感连接。这种基于实物的符号构建为湖北省县域品牌的塑造提供了坚实的基础。

（2）形：符号形态的艺术化表现

县域品牌符号的形态设计，不仅是对实物特征的简单呈现，更需要通过艺术化的手法，赋予符号以鲜明的视觉冲击力和情感表达能力。这种艺术化的表现形式，将抽象的品牌价值具象化，使其更易为消费者识别和记忆，同时能够突出湖北省的文化底蕴与时代特色。

① 形态简约化。符号形态设计的首要原则是简约化。提炼和概括实物形态的核心特征，能够使符号易于识别和传播，

同时保留符号的独特性和辨识度。潜江龙虾的品牌符号可以用简约线条勾勒出小龙虾的外形，并以红色块面表现其生动活泼的形态，既保留龙虾的核心特征，又降低符号的复杂性，使之更适合在各类媒介上传播。恩施玉露茶的符号设计中，茶叶形态被提炼成流畅的弧线，象征自然的柔和与生态之美，同时强化了品牌的绿色健康形象。

② 形态文化。符号形态需要融入湖北丰富的地域文化特质，使符号不仅是物理形态的艺术化表现，更是文化内涵的象征。黄鹤楼品牌符号通过建筑结构的层叠线条和飞檐的动态曲线，表现了黄鹤楼的壮丽与雄伟，同时暗含古代楚文化的浪漫气质。荆州古城的符号形态采用古城墙的砖石纹理作为设计元素，并结合古代兵器图案，象征荆州古城的历史厚重感和强大的防御功能。

③ 形态动态化。现代品牌符号设计中，动态化表达逐渐成为趋势，通过引入流动感和互动性，使符号更具有生命力和吸引力。神农架的品牌符号设计可将冷杉树的静态形态与金丝猴攀爬的动态姿态结合，传递出生态保护与自然活力的双重意象。武汉光谷“光”的汉字符号设计中，激光光束的动态流线表现科技感与未来感，突出湖北在高科技领域的活跃发展。

④ 形态情感化。符号设计需要赋予消费者情感共鸣，使符号成为文化认同和情感归属的桥梁。蕲春蕲艾的符号设计通过将艾草叶的形态艺术化处理，与中医药的传统图案相结合，唤起消费者对健康养生的情感认同。武汉樱花符号则采用粉色渐变效果表现樱花的柔美与浪漫，赋予消费者关于春季旅游的美好联想。

⑤ 形态功能化。符号形态的设计还需关注其实用性，使其能够在不同媒介和应用场景中保持一致性和可适应性。在湖北省农产品的包装设计中，符号形态需简洁且便于印刷，以适应纸盒、塑料包装等多种材质。

在湖北省县域品牌的数字化传播中，符号需具有缩放自如、高清显示的功能，以适应社交媒体、广告牌等多样化的传播需求。通过简约化、文化化、动态化、情感化与功能化的形态设计，湖北省县域品牌符号不仅能够彰显地域特色和文化内涵，还能以艺术化表现提升品牌的视觉冲击力和传播效能，为品牌价值的表达提供强有力的支持。

（3）义：符号内涵的文化与情感表达

县域品牌的符号内涵不仅承载着实物特质和形态美感，更需要深入挖掘并表达符号背后的文化价值与情感意义。这种内涵不仅是品牌独特性的核心体现，更是建立消费者认同和情感联系的关键。通过文化与情感的双重赋能，品牌符号能够超越商品层面的功能价值，成为连接消费者与地域文化的桥梁。

① 文化符号的传承与创新。湖北省拥有深厚的历史文化底蕴，从楚文化到三国文化，再到近代的革命文化，这些文化符号为品牌设计提供了丰富的内涵资源。黄鹤楼的符号可以结合“白云黄鹤”的诗意表达，将古代文人雅士的文化情怀融入其中，传递出湖北省深厚的文学艺术价值。荆州古城视觉符号不仅可以呈现三国文化中的历史地位，还通过战马、古城墙等视觉元素，突出古城文化在区域文化建设中的重要地位，为品牌赋予了厚重的历史感。在品牌符号设计过程中，不仅要继承传统文化符号，还需通过创新手法使品牌符号焕发时代活力，使符号既具文化韵味，又符合现代审美需求。

② 情感表达的共鸣与联想。品牌符号通过情感化的内涵设计，可以唤起消费者的情感共鸣，增加品牌的亲和力和吸引力。神农架品牌视觉符号可以通过对自然生态和原始森林意象的表达，唤起人们对纯净自然的向往和对生态保护的责任感，使消费者在消费产品的同时体验到情感上的满足。潜江龙虾视觉符号可以通过红色主调和欢聚场景的表现，传递出湖北人民热情好客、注重社交的生活态度，增强消费者对品牌的亲切感和归属感。

③ 地域特色的塑造与认同。湖北省县域品牌符号需要深度挖掘和提炼地域特色，以增强品牌在区域竞争中的辨识度和文化认同感。恩施玉露茶品牌符号的内涵以恩施地区的自然风光和少数民族风情为核心，展示了恩施地区独特的生态环境和多元文化，让消费者在体验产品时感受到强烈的地域归属感。武汉樱花符号通过樱花季的文化氛围，展现武汉市作为现代城市与自然和谐共生的城市形象，塑造了浪漫与诗意的符号内涵。

④ 品牌核心价值的彰显。符号内涵应紧密围绕品牌的核心价值，通过抽象的文化符号实现品牌价值的传递和强化。蕲春蕲艾品牌符号通过传统中医药文化的符号化表达，彰显健康养生的核心价值，同时借助“蕲艾”这一代表性符号，树立品牌的权威性与专业性。武当山符号以道教文化为核心，通过道教符号和“太极文化”的结合，展现了武当山作为中国传统

文化发源地的品牌价值，为消费者提供精神文化的体验。

⑤ 多元文化融合与现代表达。湖北省是长江经济带的重要区域，其品牌符号需要体现多元文化的融合性，同时通过现代设计语言让传统文化符号更贴近当代消费者的审美需求和文化语境。武汉光谷的品牌符号通过现代科技符号与汉字文化符号结合，展现了湖北省传统文化与创新科技并存的多元特质，为品牌赋予了时代感与国际化形象。大别山品牌符号通过革命文化符号与自然景观符号的结合，展现了革命精神与生态资源和谐发展的主题，既弘扬了文化精神，也适应了当代消费者对生态旅游的追求。

5.2.3 设计路径

（1）设计原则

① 设计一致性。在县域品牌化设计过程中，品牌设计一致性至关重要。县域品牌形象应贯穿于所有品牌元素中，无论是品牌名称、品牌标识还是品牌宣传口号等，都应保持风格和内涵的一致性。如若县域品牌定位为生态旅游胜地，那么品牌标识设计应融入自然生态元素，品牌宣传口号也应围绕生态旅游主题展开。这种一致性有助于消费者在接触到品牌的不同元素时，能够迅速建立联系，形成统一的品牌认知。随着品牌传播的不断深入，这种统一的形象能够在消费者心中留下深刻印象，使品牌更具辨识度。

② 信息清晰性。品牌设计应确保所传达的信息清晰易懂。对于县域品牌而言，要突出县域的特色和优势，让消费者能够快速理解县域品牌的核心价值。在品牌宣传中，如果县域以特色农产品闻名，就要明确传达农产品的产地优势、品质特点等信息。避免使用模糊不清、晦涩难懂的语言和符号，以免让消费者产生误解或困惑。在品牌包装

设计上也要做到简洁明了，突出产品的产地、品种、等级等关键信息，方便消费者识别和选择，形成统一的县域品牌印象。

③ 表达真实性。真实是县域品牌设计的基石。品牌所传达的信息必须基于县域实际情况，如实反映县域的资源禀赋、文化特色和发展优势等。真实的品牌表达能够赢得消费者的信任。在宣传县域的历史文化底蕴时，不能夸大其词，而是要以真实的历史故事、文化遗迹等为依据。一旦消费者发现品牌宣传与实际情况不符，就会对品牌产生负面情绪，对县域品牌形象的塑造和长期发展都将造成严重不良影响。

④ 品牌发展及传播的持续性。县域品牌的发展是一个长期的过程，品牌设计应具有前瞻性和可持续性，要充分考虑品牌的未来发展空间，避免品牌形象过于局限或短视。品牌传播也应具有持续性，不能只是短期的宣传活动，而应制定长期的品牌传播规划。通过定期举办县域特色文化活动或农产品展销会等方式，持续不断地向外界展示县域品牌的魅力，保持品牌在消费者心目中的热度和关注度。

（2）品牌基础要素设计

① 品牌名称设计。品牌名称是县域品牌的核心要素之一。一个好的县域品牌名称应简洁易记、富有特色，能够体现县域的地域特色或文化内涵。如西湖龙井品牌名称，简洁明了地指出了其产地（西湖）和产品（龙井茶），让消费者一目了然。在设计品牌名称时，可以结合县域的地理名称、历史典故、民俗风情等元素，同时，要注意品牌名称在不同语言和文化背景下的适应性，避免产生不良的谐音或误解，为品牌的市场拓展预留空间。

品牌名称构成了品牌商品一个最持久的要素，而且还通常代表品牌给予企业的价值。品牌名称必须基于有力、清晰、简洁的目标，好的名称必须满足三个标准：策略、语言和合法，关于三个标准见表5-1。

表5-1 品牌建立标准

策略标准	1. 它是以一种有意义的方式抓住了品牌简单化的思想吗？ 2. 它对你的受众是适当的，是反映受众的心声吗？ 3. 它尽可能简短了吗？ 4. 它与所从事的商业领域有关联吗？ 5. 它易于记住吗？ 6. 没有水晶球的帮助，它能够在一些方面对你构成潜在地限制吗？如果你发展品牌，这一名称能够帮助你发展新的产品种类或新的顾客群体吗？
语言标准	1. 它对于所有主要的语言在意义上都是适当的吗？如果不是，而不能广泛地使用它，你愿意去发展吗？ 2. 它容易表达或拼写吗？ 3. 你已经考虑了所有相关的文化敏感性了吗？ 4. 它是不是与现在的某一商标很接近，以至于会引起混淆呢？
合法标准	1. 你使用它没有侵犯其他的商标吗？ 2. 作为你的商标你能拥有与保护它吗？ 3. 它是适用的域名吗？它能被修改获得承认吗？ 4. 你能在所有相关的地理范围内使用和保护它吗？

② 品牌包装设计。以农产品为例，农产品包装设计是县域品牌化的重要环节。首先，包装设计要突出农产品的新

鲜、绿色、健康等属性。可以采用具有自然元素的图案和色彩，如绿色代表环保、健康，泥土色体现农产品的自然生长环境等。其次，要注重包装的功能性，如保鲜性、便于运输和储存等。对于生鲜农产品，采用真空包装或气调包装等方式，确保产品在运输和销售过程中的品质不受影响。此外，包装设计还应体现农产品的品牌信息，如品牌名称、产地标志、等级标识等，让消费者能够清楚地了解产品的来源和质量等级。如在“赣南脐橙”的包装上，印有统一的品牌标识和产地信息，同时标注了果品的等级，方便消费者选择。

③ 其他要素设计。除了品牌名称和包装设计，县域品牌化还涉及其他基础要素设计。

品牌标识：标识是指品牌的视觉标识。标识主要有两种，一种是用独特的形式书写的文字标识，另一种就是抽象的标识。标识可以使消费者迅速对品牌做出识别，也可以使消费者产生联想，标识的内在含义可以激发人们的联想以及影响人们对企业的感知，由于抽象的标识是非语言的，所以可以比较顺利地进行跨文化传递。好的县域标识设计要能在反映县域整体价值观的基础上，具有文化内涵，体现出差异性与独特性，达到吸引人的效果，中粮集团的“中茶”牌茶叶的标识设计比较考究，中间一个绿色的“茶”字，外围是红色的“中”字互相连接成齿轮状，绿色表达自然与健康的理念，红色象征着企业的追求。品牌标识设计还应具有独特性和艺术性，能够以简洁的形式传达县域品牌的核心价值，如贵州黄果树瀑布的旅游品牌标识，以瀑布的形态为设计元素，简洁而生动地展现了景点的特色。

品牌色彩：色彩是品牌包装中非常重要的视觉设计因素，在很大程度上决定了品牌包装是否惹人注目。因为文化的差异，人们对同一色彩的感知是不同的，色彩不同会引发人们不同的联想，因而在县域农产品或衍生产品的包装设计中既要用色彩来提升效果，又要注意文化的差异。相关内容见表5-2。

表5-2　色彩含义

色彩	联想	含义
红色	太阳、鲜血	热烈、刺激、活力、激动、温暖
黑色	黑夜	寂静、庄重、深沉、肃穆、恐怖
白色	雪	单纯、洁白无瑕、干净
黄色	稻谷、黄金	权威、希望、快乐
青色	湖泊	凉爽、恬静
灰色	雾	平凡、温和、忧郁
蓝色	海洋、天空	广阔、远大、未来
绿色	大自然	自然、生命、健康、和平

形象代表：形象代言人与吉祥物可统称为形象代表，属于县域产品或服务走向消费者过程中的桥梁之一。二者可谓产品的引导者，它们可以短时间内吸引消费者的注意和喜爱，使消费者产生购买行为。在广告和产品包装中，品牌形象代表起到非常重要的作用，其能为县域品牌发展带来许多益处，例如向消费者传递相关产品的特性，帮助建立品牌认知。吉祥物多用动物形象，对县域农产品来说就是有优势的，活泼可爱或具有某些其他特点的动物很多本身就属于农产品的一部分，用其代言比较直接自然。

广告语：广告语是县域品牌传播的重要载体，是传递县域产品特色与整体品牌形象的关键语言工具。它不仅是品牌宣传的核心内容之一，更是构建品牌资产、提升品牌认知度的重要手段。在县域品牌化过程中，广告语的作用尤为突出，它通过简洁、有力、富有感染力的语言，将县域的自然资源、文化底蕴、产业特色等信息浓缩成易于传播的口号，帮助消费者快速识别并记住品牌。一个好的县域品牌广告语，首先要突出地域特色，如“千年古县，匠心传承”，就是通过地域关键词来强化品牌的独特性与识别度。其次应体现产业优势，如“（地名）苹果，甜过初恋”或“（地名）大米，香飘万家”，将产品特性与消费者情感连接起来，增强品牌的亲和力与记忆点。此外，广告语还可以融入文化元素，如“楚风汉韵，魅力（地名）”或“孔孟之乡，礼仪之邦”，通过文化符号提升品牌的内涵与高度。

成功的广告语不仅朗朗上口，更能在消费者心中留下深刻印象。如“喝了娃哈哈，吃饭就是香”这一广告语，简单直白却极具传播力，成功推动了品牌的广泛认知。“雀巢咖啡，味道好极了”也通过简洁有力的语言，强化了产品的品质印象。县域品牌在广告语设计上，也应追求这种“易记、易传、易感”的效果，使品牌名称与广告语相互映衬、协同发力，共同推动县域产品走向更广阔的市场。

广告语不仅是品牌传播的语言工具，更是县域品牌化战略的重要组成部分。一个精准、生动、富有地域特色的广告语，能够有效提升县域品牌的知名度、美誉度和市场竞争力，实现品牌与消费者的双赢。

（3）品牌设计标准

在县域品牌化建设过程中，品牌设计

标准是确保品牌有效传播与价值实现的关键环节。此处从便于识记、悦耳动听、体现行业属性、联想性好、品牌内涵五个维度，系统阐述县域品牌设计的标准，并强调这些标准在县域品牌化建设中的重要作用。

① 便于识记是县域品牌设计的基础要求。在信息爆炸的时代，品牌作为一种信息载体，其传播效果很大程度上取决于消费者的记忆效率。县域品牌的使用者不仅包括生产者和经营者，还涉及消费者、政府、媒体及其他相关公众。因此，县域品牌设计应尽量避免给消费者带来记忆负担。凯文·莱恩·凯勒指出，为了加深品牌记忆，便于口头传播，品牌名称应简明朴实、易读易记。县域品牌名称如果过于复杂或晦涩，将难以在消费者心中留下深刻印象，从而降低品牌价值。因此，便于识记是县域品牌设计的基础要求，也是品牌广泛传播的前提条件。

② 悦耳动听是县域品牌设计的审美要求。县域品牌名称的听觉感受直接影响消费者的记忆意愿。研究表明，由2～4个字构成的品牌名称，如果发音悦耳、节奏和谐，更容易被消费者记住。从语义学角度来讲，好的品牌名称应具备双音节、高音结合、积极内涵及名词复合结构等特点。县域品牌设计应注重名称的音韵美，避免使用生僻字或拗口词汇，使品牌名称听起来顺畅自然，从而激发消费者的记忆主动性，增强品牌的好感度和亲和力。

③ 体现行业属性是县域品牌设计的功能要求。县域品牌设计应准确反映所属行业和产品类别，帮助消费者快速识别品牌所代表的产品或服务。胡晓云等学者对835个农产品品牌名称的字频分析发现，不同产品类别在命名上存在明显差异：茶叶类产品多用“山”“峰”，粮油产品多用“丰”“金”，山货多用“山”“林”，蔬菜多用“绿”“天”，水产多用“湖”“海”，畜禽产品多用“华”“大”。这表明，县域品牌设计应充分考虑产品特性，使品牌名称与产品属性紧密关联，从而强化消费者对品牌的类别联想，提升品牌记忆效果。

④ 联想性好是县域品牌设计的认知要求。品牌联想是积累品牌资产的重要途径。县域品牌设计应注重名称的联想性，通过名称引发消费者的积极联想，强化品牌在消费者心目中的形象。联想性强的品牌名称能够激发消费者的期待和购买动机，促进消费行为的产生，从而提升品牌的市场竞争力。

⑤ 品牌内涵是县域品牌设计的文化要求。品牌内涵是品牌设计的灵魂。县域品牌设计应注重文化内涵的挖掘与表达，通过融入地域文化、历史传统、民族特色等元素，增强品牌的文化底蕴和认同感。县域品牌设计应充分利用汉字的文化特性，使品牌名称不仅传达产品信息，更传递文化价值，激发消费者的情感共鸣，从而实现品牌的长期价值。

⑥ 县域品牌设计标准的综合应用。县域品牌设计标准的五个维度相互关联、相辅相成。便于识记是基础，悦耳动听是审美要求，体现行业属性是功能要求，联想性好是认知要求，品牌内涵是文化要求。在实际设计过程中，应综合考虑这些标准，使县域品牌既易于传播和记忆，又具有审美价值和市场竞争力，同时体现行业特性和文化内涵，从而实现品牌的综合价值最大化。

县域品牌设计标准是县域品牌化建设的重要依据。通过遵循这些标准，可以设计出既符合市场需求又具有文化特色的县域品牌，为县域经济发展和文化传承提供有力支撑。

5.2.4 品牌传播

品牌信息的传播沟通，其实质是品牌机构运用多种传播方式、通过一定的媒介或者直接向品牌利益相关者传播有关品牌的信息。

（1）品牌整合传播的含义

品牌整合传播是指通过对多种品牌传播方式的整合，实现最佳的传播效果，使消费者对品牌产生信任，形成品牌忠诚。品牌整合传播有两层含义，一是不同传播方式所传递的信息是一致的，应清晰地将品牌定位传递给品牌利益相关者；二是不同的传播方式要能相互补充，优势彼此衬托、劣势互相弥补。

品牌关系是企业生存和发展的平台，品牌整合传播重视品牌与消费者之间的关系培养，强调品牌与利益相关者的充分沟通，目的在于通过不同传播手段的整合实现最佳的传播效果。

（2）农文旅产业品牌整合传播要点

① 采取不同的传播整合策略。农文旅产业品牌建设处于不同的发展阶段，从品牌整合传播的具体方式看，其侧重点各不相同。品牌新建阶段的传播推广就要明确地告诉消费者品牌的独特形象，包括外表的视觉形象，也包括内在的品牌理念，这一阶段的广告推广关系到品牌的生存空间，要有足够的投入，根据产品特点选择合适的媒体。如日用消费品一般以电视

广告为首选传播方式，在广告之外，还可以采取赠送、试用、折扣等促销手段，以刺激消费，人员直销方式也是一种必要的传播方式，可以直接了解消费者对新品牌的反应。品牌成长阶段的传播推广可以帮助促进品牌成熟，重点是要稳固品牌的核心理念，完善品牌的价值观，实现消费者的品牌忠诚。成长阶段的品牌传播应保持品牌形象的一致性，把品牌对消费者的利益通过多角度的宣传表达出来。品牌广告应持续不断，并且要随着时代的变化，调整广告的风格，以符合消费者追求时尚的心理，善于利用公共关系树立品牌形象，重视品牌危机管理，发挥事件营销的作用。品牌维护期传播推广的任务是保持品牌的已有市场地位，通过发布提醒性广告或促销性广告打动消费者，保持其对品牌的忠诚度。这一阶段，农业产业化组织应建立起完善公共关系管理机构和流程，充分利用新闻的宣传作用，巧妙应对突发事件。

② 以品牌质量为基础。品牌是传播的产物，但是品牌传播的基础是品牌质量。我国农产品品牌“短命”现象严重，其中最主要的原因是品牌质量存在缺陷，如产品品质不稳定，产品包装不过关，产品缺乏创新性特点等等。一般情况下，消费者的购买决定和品牌选择会受到亲近的人影响，消费者的欲望、需求和顾虑，不是长期固定不变的，而是经常变化的。因此，品牌质量差会导致品牌口碑不佳，加上消费者的体验与传播，会迅速失去消费者忠诚。

③ 以营造品牌关系为核心。农文旅产业品牌整合传播能够加强组织与消费者及其他关系利益人之间的积极对话，是营造农文旅产业品牌关系的一种交互作用过程。因此，品牌机构应认清这些推广沟通的重要性，努力去经营各利益方之间的关系，增加消费者对品牌的信任度、认知度和忠诚度。

④ 建立会员参与制度。品牌整合传播要求农文旅产业品牌内部建立统一的品牌管理体制，各部门的工作应妥善协调顺畅，建立全员参与制度。

⑤ 坚持一致性原则。所谓一致性，是指各种品牌传播方式应传播一致的品牌形象、品牌定位等信息。要对所有传达出的品牌信息加以监控，检测它们是否与整体品牌战略相一致。如果品牌推广所传播的品牌特征信息不一致，品牌形象就会缺乏可信性。

（3）农文旅融合背景下的品牌传播

旅游产品不仅要满足游客感官上的体验，还要满足游客精神上的享受。文化营销作为一种流行的营销方式被越来越多的旅游企业所采用，这是因为文化对消费者的渗透力和影响力更大，更能对消费者产生潜移默化的影响，使得消费者产生认同和想要去旅行的渴望。文旅融合背景下的旅游文化营销可以利用文旅融合，充分发挥文化产业对旅游产业的文化重塑和文化传播作用，通过电影、电视、节庆、会展、演艺、动漫等方式宣传旅游品牌文化和品牌产品。

以丽江古城为例，其文化营销策略就是结合“丽江世界遗产论坛”“东己艺术节”“纳西三朵节”等活动进行一系列重要事件和节日的营销，建立支持民族文化、旅游文化相关会议和论坛开办的永久性会址来吸引注意，策划与其品牌形象一致的系列文化项目和文化活动来营销传播古城的文化品牌，并运用媒体的影响力扩大品牌的辐射范围。

旅游节庆在短时间内可以将高质量的产品、服务、娱乐、设施、人力等众多因素围绕某一主题进行组织、整合，集中大量媒体传播报道，迅速提升举办地的知名度和美誉度。因此，定期举办大型的，具有影响力的节庆和事件活动，强化节事活动与举办地之间的联结，形成特色的旅游节事品牌，从而塑造旅游目的地的品牌形象。如潍坊风筝节、曲阜孔子文化节、满泽牡丹节、西双版纳泼水节、哈尔滨冰灯节等等，会让人自然而然地将节事与旅游目的地联想在一起，这就是品牌的联想作用。

5.2.5 品牌评价

（1）品牌设计模型的评价目标

品牌设计模型的评价目标是通过科学、系统的评估方法，验证品牌设计模型在提升湖北县域品牌建设中的有效性与适用性，明确其在符号表达、传播效率、市场认可等方面的贡献，从而为模型优化和县域品牌的推广提供理论支持和实践指导。具体目标可以归纳如下。

① 验证模型的科学性与适用性。品牌设计模型是否基于设计学、符号学、传播学的理论基础，形成科学的逻辑架构。通过模型在湖北省县域品牌中的应用，验证其能否适应县域品牌的多样性需求，包括农业、文化、旅游、制造业等不同领域的品牌设计需求。

② 评估符号体系的完整性与文化表达。品牌符号体系的设计是否能够完整地表达湖北省县域品牌的文化特性和地域内涵，特别是在物质符号（地标建筑、土特产品等）、视觉符号（品牌标识、形象设计等）以及隐喻符号（情感表达、历史文化等）的呈现中，是否具有连贯性、辨识度和美学吸引力。

③ 检验模型对传播效果的促进作用。评价品牌设计模型在传播中的效果，包括品牌信息的传递速度、覆盖范围以及消费者对品牌信息的认知和理解。重点考察模型在增强品牌记忆点、提升品牌文化传播力度方面的作用，以及是否有效适配湖北省县域的实际传播环境。

（2）评价维度

评价湖北县域品牌设计模型的维度需结合“三农主体”和“受众客体”的双重视角，全面评估模型的实际应用价值和优化空间。这些维度涵盖品牌符号、设计过程、传播效能、市场表现以及文化内涵等多个层面，体现了湖北县域的产业特色与文化特质。

首先，在符号表达维度上，需要关注品牌符号的完整性、独特性和识别性。完整性体现在符号是否全面涵盖了湖北省县域品牌的核心元素，如地域标志物、文化特质和产业特色。独特性则强调符号是否避免同质化，在市场中脱颖而出，识别性则关注符号设计的简洁明了和记忆点，如“恩施玉露”的品牌符号应充分体现茶文化与地方生态资源的独特性。其次，设计过程维度强调设计环节中的多方参与和科学性，参与性要求充分调动政府、企业、农民合作社和消费者等多方力量，确保“三农主体”能够在设计中表达意见。创新性则关注设计中是否融合了湖北非遗技艺、现代设计语言和数字化工具，为品牌注入活力。执行性则评估设计方案是否具备落地实施的可操作性，确保在具体场景中的应用效果。

在传播效能维度方面，评价重点在传播策略的覆盖面、一致性和互动性。传播渠道是否覆盖广泛，尤其是在数字媒体、线下活动和国际平台上的表现，如“恩施硒土豆”在短视频平台的触达效果。一致性则要求传播内容与品牌核心符号保持统一，传递清晰的品牌价值。互动性则评估传播活动是否引发了消费者的深度参与，如直播或节庆活动是否带来品牌共鸣。

此外，市场表现维度是检验品牌设计模型成功与否的重要指标。品牌认知度体现在消费者对湖北省县域品牌的记忆和认知水平，市场占有率关注品牌在县域内外市场的表现，以及是否带动相关产品销量增长。经济效益则评估品牌是否推动农产品溢价能力，促进县域经济增值和农户增收。

最后，文化内涵维度聚焦品牌对地方文化和情感的表达。文化适配性要求符号和设计契合湖北省地方文化特质，如“蕲春蕲艾”是否展现了药材文化与健康理念的结合。情感共鸣关注品牌是否能引发消费者的情感认同，提升品牌吸引力和忠诚度。同时，品牌的持续性要求能够传承和发展地方文化资源，避免浅层次的利用导致品牌价值流失。

通过以上评价维度，湖北省县域品牌设计模型的表现可多维度地量化和分析，为模型优化提供依据，同时为湖北省县域品牌整体提升和推广路径提供有效指导。

（3）评价方法

评价湖北省县域品牌设计模型的效果需要采用多元化的方法，以全面、科学地反映品牌设计的实际应用成效。通过定量与定性相结合、主体与客体相结合的方法，确保评价的全面性和针对性，为优化品牌设计模型提供实证支持。

定量评价方法主要通过指标体系的量化测评，对品牌设计的表现进行数据化分析。这种方法包括市场调研、消费者问卷调查、数据统计分析等工具。可通过计算湖北省县域品牌在市场中的占有率、销售增长率和消费者满意度等关键指标，衡量品牌的市场表现。此外，品牌传播的数字化表现也可以通过互联网流量、社交媒体互动量、点击率和转化率等数据进行量化分析。

定性评价方法侧重于对品牌设计内涵、文化表达和符号构建等方面的深入分析。方法包括专家访谈、焦点小组讨论、案例分析等方式。邀请设计专家、地方文化研究学者、农产品企业代表等多方参与，评估品牌符号的完整性、独特性和文化适配性，如是否充分体现了湖北地方特色文化如楚文化、非遗技艺，以及是否与消费者的情感需求形成共鸣。

多主体视角的综合评价强调从“三农主体”和“受众客体”的不同角度出发，全面评估品牌设计模型的效果。通过对政府政策支持度、企业参与度和农户收益增幅的分析，衡量品牌设计在推动县域经济发展和社会效益上的作用。同时，从消费者满意度、品牌认知度和购买行为等方面，了解品牌设计对目标受众的实际影响。

对比分析法可以通过横向与纵向的对比，进一步强化评价的精准性。横向对比可将湖北省县域品牌与国内外其他县域品牌进行比较，分析其在设计创新、市场表现、文化传播等方面的优势与不足。纵向对比则通过分析湖北县域品牌在设计模型实施前后的变化，评估模型对品牌建设的实际促进作用。如“潜江龙虾”在品牌模型实施后的溢价能力是否显著提升，其在全国市场中的竞争力是否得到增强。

最后，反馈机制的建立是评价的重要环节。通过收集不同主体对品牌设计的意见和建议，将评价结果与模型优化相结合，形成“评价—反馈—改进”的闭环。消费者对品牌符号的理解是否存在偏差，农户是否在品牌收益中获得公平的分配，是否遇到品牌传播中的技术障碍等，都需要在评价中被发现，并通过反馈机制推动模型的迭代与完善。

通过定量、定性、多主体综合视角和对比分析相结合的方法，对湖北省县域品牌设计模型的实际成效进行科学评价，能够为品牌设计的优化提供明确方向，同时提升县域品牌的整体竞争力与文化影响力。

（4）评价结果的应用

评价结果的应用是品牌设计模型构建的重要环节，通过科学运用评价结果，不仅能反映模型实施的实际效果，还能为品牌设计的持续优化提供有力支持，促进湖北省县域品牌的市场竞争力和文化影响力的双重提升。

① 指导品牌策略调整。评价结果能够帮助发现品牌设计中存在的问题和改进的空间。例如，通过市场数据分析，如果发现品牌的市场接受度不高，可能需要调整品牌符号的设计或品牌传播的重点方向。以湖北省县域的地方特色品牌为例，如果消费者反馈品牌符号的文化内涵不够突出，则需要结合地方文化符号进行优化，如将楚文化符号与现

代视觉设计相结合，从而提升品牌的文化辨识度和传播效果。

② 优化品牌传播方案。评价结果在传播方案调整中具有重要作用。通过对传播渠道效果的量化分析，可以明确哪些传播媒介最适合目标消费者群体。如果评价发现短视频平台的传播效果显著优于传统电视广告，可以增加短视频内容的制作投入，同时优化投放时间和方式，以增强品牌在年轻消费群体中的影响力。同时，景区品牌与县域经济的联动传播效果也可得到优化，例如整合农产品品牌和旅游品牌的传播策略，实现资源共享和互相引流。

③ 促进多主体协同合作。评价结果可用于反馈给政府、企业和农户等多主体，形成各方协同优化的机制。政府可以根据评价结果调整政策支持方向，加强对品牌文化建设的投入或出台针对品牌宣传的专项扶持政策。企业可以根据评价发现优化产品设计、包装和市场推广方案，提升消费者满意度。农户则可根据品牌建设带来的收益情况，优化种植或生产方式，进一步参与品牌价值链条。

④ 增强品牌文化建设。通过评价可以识别品牌符号内涵是否契合地方文化，并及时进行调整。评价发现“潜江龙虾”品牌更多被消费者认知为农产品品牌，但其文化属性不足，可以通过强化“荆楚文化+龙虾节”的符号化传播，进一步挖掘品牌的文化内涵，从而增强品牌的独特性和消费者的情感认同感。

⑤ 推动模型的迭代优化。评价结果不仅是对品牌设计效果的反馈，也是对模型本身的验证和完善依据。如果评价结果显示某些符号设计过于抽象，消费者理解成本较高，则模型中关于符号构建的原则需要调整。如果反馈表明品牌传播策略缺乏本地化特色，则模型中关于传播路径的规划需要进一步精细化。通过不断迭代优化，模型的适用性和操作性将进一步提升，从而为湖北省县域品牌的高质量发展提供长期支持。

⑥ 助力品牌效益评估和宣传。通过科学评价的结果，可以形成一系列数据化的品牌发展报告，用于向投资者、消费者和媒体展示品牌的建设成效。通过评价显示湖北省县域品牌的市场份额和知名度显著提升，可以吸引更多的资本投入品牌建设。此外，品牌评价结果还可用于开展政府及企业联合的宣传活动，树立区域品牌形象，提高湖北省县域品牌在全国乃至国际市场上的竞争力。

县域品牌化评价结果的应用贯穿品牌建设的各个环节，从策略调整、传播优化、多主体协作到文化强化、模型迭代和品牌宣传，全方位推动湖北省县域品牌设计模型的落地实施与持续提升，实现品牌效益与社会价值的双赢。

第6章

湖北省县域品牌化的挑战与展望

6.1 湖北省县域品牌化的机遇与挑战

6.1.1 湖北省县域品牌化的机遇

（1）地域与资源优势

湖北省位于长江中游，拥有纵横交错的河流和星罗棋布的湖泊，长江三峡、武汉东湖、武当山、大洪山、襄樊古隆中、通山九宫山、赤壁陆水湖等风景名胜，以及神农架、五峰后河、长江新螺段及天鹅洲故道等国家级自然保护区，为湖北省县域品牌化建设提供了得天独厚的自然资源基础。这些自然景观不仅具有极高的旅游开发价值，更是塑造区域品牌形象的重要元素。

如表6-1所示，湖北省文化底蕴深厚，文物古迹众多，为县域品牌化建设提供了丰富的文化资源。中华始祖炎帝诞生于此，楚文化根基深厚，在此基础上形成的汉文化积淀深厚，形成了高品位的旅游资源。武当山九宫九观享誉中外，代表三国文化的荆州古城、赤壁、当阳、隆中，以及辛亥革命留下的近代文化底蕴，共同构成了湖北省独特的文化品牌资产。此外，各具地方特色的茶文化、药文化、花卉文化、鱼文化、竹文化和石文化，以及野人、悬棺等世界之谜，为县域品牌化建设提供了多样化的文化元素。

表6-1　湖北省县域文化资源

地名	文化资源
随州市	炎帝故里（中华始祖炎帝诞生地）
荆州市	荆州古城、三国文化（关羽文化、楚文化）
赤壁市	三国文化（赤壁之战遗址）
当阳市	三国文化（长坂坡、关陵）
武汉市	辛亥革命文化（武昌起义旧址、红楼）、近代革命文化（八七会议旧址等）
武当山	道教文化（武当山九宫九观）、世界文化遗产
神农架	神秘文化（野人传说）、生态文化、悬棺文化

续表

地名	文化资源
恩施土家族苗族自治州	土家族苗族文化、茶文化（恩施玉露）、药文化（中药材种植）
宜昌市	三峡文化、屈原文化、茶文化（宜红茶）、水电文化（三峡大坝）
襄阳市	汉水文化、三国文化（古隆中）、古城文化（襄阳古城）
孝感市	孝文化（董永传说）、红色文化（新四军五师旧址）
黄冈市	东坡文化（黄州赤壁）、红色文化（红安将军县）、禅宗文化（四祖寺、五祖寺）
黄石市	工业文化（近代工业遗址）、矿冶文化
鄂州市	武昌鱼文化、三国文化（吴王城遗址）
荆门市	楚文化（郭店楚简）、道教文化（明显陵）
十堰市	汽车文化（二汽）、道教文化（武当山）
咸宁市	桂花文化、温泉文化、竹文化
天门市	茶圣文化（陆羽故里）、侨乡文化、石家河文化（新石器时代遗址）
仙桃市	体操文化（体操之乡）、水乡文化
潜江市	龙虾文化、戏剧文化（曹禺故里）
石首市	鱼文化（长江鱼种多样性）、湿地文化
洪湖市	渔文化、红色文化（洪湖赤卫队）
麻城市	杜鹃花文化、移民文化（湖广填四川）
罗田县	中医药文化（罗田茯苓）、大别山红色文化
英山县	茶文化（英山云雾茶）、温泉文化
大悟县	红色文化（中原突围旧址）
安陆市	李白文化（李白故里）、银杏文化
应城市	石膏文化、盐文化
广水市	农耕文化、古寨文化（武胜关）
丹江口市	水文化（南水北调中线源头）、道教文化
竹山县	女娲文化（女娲山）、绿松石文化
竹溪县	茶文化（龙王垭茶）、生态文化
房县	诗经文化（尹吉甫故里）、黄酒文化

续表

地名	文化资源
保康县	楚文化、生态文化
秭归县	屈原文化、三峡文化
长阳土家族自治县	土家族文化、清江画廊生态文化
五峰县	茶文化（五峰毛尖）、土家文化
兴山县	昭君文化（王昭君故里）、生态文化
远安县	道教文化（鸣凤山）、嫘祖文化
当阳市	三国文化（长坂坡、玉泉寺）
枝江市	酒文化（枝江大曲）、农耕文化
宜都市	茶文化（宜红茶）、三国文化（陆逊故里）
松滋市	酒文化（白云边）、滗水文化

湖北省教育资源丰富，为县域品牌化建设提供了人才保障。湖北省号称“惟楚有才”，省会武汉市高校云集，数量居全国第三。武汉大学的樱花园、华中科技大学的瑜家山、湖北大学的沙湖琴园等校园景观，以及八·七会址、二·七纪念馆等革命纪念地，不仅具有旅游价值，更是塑造游客人文精神的重要载体。这些教育资源为县域品牌化建设提供了智力支持和人才储备。

从农业资源来看，湖北省东西北三面环山，中部低平，山地、丘陵、平原湖区层次丰富，水面面积约占全省的10%。全省土地农业资源供给总量大，资源质量与山水地形气候十分适宜农业生产，耕地资源和淡水资源在全国都有极大优势。湖北省农产品产出总量与单产水平高，水稻产量居全国第三；淡水产品产量居全国第一；畜产品产量居全国第六；蔬菜产量全国第四；稻、棉花、油菜籽等主要作物单产都高于全国单产水平17%以上。这些农业资源禀赋为湖北省县域农业品牌化建设提供了天然基础。

如表6-2所示，湖北省已经形成了一些成功案例，是湖北省县域品牌化建设的重要成果。这些品牌不仅提升了湖北省农产品的市场竞争力，还带动了相关产业的发展，促进了农民增收和乡村振兴。潜江龙虾品牌通过“虾稻共作”模式，实现了农业与旅游的融合发展，形成了完整的产业链；恩施玉露茶通过品牌化发展，提升了茶叶附加值，带动了茶农增收；洪湖莲藕通过品牌化经营，拓展了销售渠道，提高了产品知名度。

表6-2　湖北县域农产品品牌

地名	农产品品牌名称
宜昌市	宜昌蜜桔、秭归脐橙
洪湖市	洪湖莲藕、洪湖藕带、洪湖野鸭、洪湖清水蟹、洪湖大闸蟹、洪湖甲鱼、洪湖菱角、洪湖芡实、洪湖珍珠
潜江市	潜江龙虾
恩施土家族苗族自治州	恩施玉露茶
襄阳市	襄阳大头菜、襄阳高香茶、襄阳黑猪
随州市	随州香菇
孝感市	孝感麻糖
罗田县	罗田板栗
武当山	武当道茶
英山县	英山云雾茶
宜都市	宜都宜红茶
鹤峰县	鹤峰绿茶
利川市	利川红茶
赤壁市	赤壁青砖茶
通城县	通城油茶
荆门市	荆门高油酸菜籽油
荆州市	荆州鱼糕、荆江鸭
梁子湖	梁子湖大河蟹、梁子湖螃蟹
蔡甸区	蔡甸藜蒿
云梦县	云梦鱼面
仙桃市	仙桃香米、仙桃黄鳝
天门市	天门黄花菜
神农架	神农架洋芋

续表

地名	农产品品牌名称
红安县	红安苕
麻城市	麻城福白菊
巴东县	巴东独活
郧西县	郧西马头山羊
鄂州市	鄂州武昌鱼
丹江口水库	丹江口翘嘴鲌
清江	清江鱼
漳河水库	漳河水库鱼
监利市	监利河蟹

湖北省县域品牌化建设具有得天独厚的自然条件、深厚的文化底蕴、丰富的教育资源和坚实的农业基础。这些优势为湖北省县域品牌化建设提供了有力支撑，需进一步加强品牌顶层设计，完善品牌标准体系，创新品牌传播方式，提升品牌竞争力，推动县域经济高质量发展。

（2）政策支持

湖北省农业农村厅于2019年1月25日印发了《湖北省农产品品牌三年培育方案》，明确提出了湖北省农产品品牌培育的行动计划，即重点培育2个省级核心大品牌、20个区域公用品牌和200个企业产品品牌。这一政策的出台，标志着湖北省在农产品品牌化方面迈出了坚实的步伐，旨在通过三年的努力，基本形成标准化生产、产业化经营、品牌化营销的现代农业发展格局。

政策中特别强调了潜江龙虾和蕲艾两个省级核心大品牌的打造。湖北省将集中力量，减少品牌同质化无序竞争，选择国内知名的品牌策划团队进行品牌研究、战略规划、符号设计，以及组建省虾稻和蕲艾两大产业协会，制定行业标准和出台区域公用品牌管理办法，不断放大“中国小龙虾之乡”和“中国艾都”两大金字招牌的作用。除了省级核心大品牌，湖北省还计划培育20个区域公用品牌。这些品牌覆盖了茶叶、水果、蔬菜、中药材、粮油、畜牧和水产等多个类别，如恩施硒茶、武当道茶、宜昌蜜桔、秭归脐橙等。政策支持通过创建特色农产品优势区，培育一批发展潜力大、产品质量优的特色农产品，打造特色农产品品牌。

湖北省人民政府办公厅发布的《关于新时代推进品牌建设的实施意见》指出，到2025年，建立品牌创建培育提升机制，形成省级、国家级梯次进位的品牌体系，显著增强湖北省品牌的知名度、美誉度和影响力。到2035年，品牌经济成为推动湖北省高质量发展的有力支撑，形成一批具有自主知识产权的企业品牌、产业品牌、区域品牌。

湖北省将围绕打造全国科技创新高地，持续实施高价值专利培育工程。政策支持企业围绕知名品牌产品布局培育100件高价值专利、200项高价值专利产品、100个高价值专利组合。同时，支持品牌企业联合新建100家省级以上创新平台和100家新型研发机构，协同解决核心关键技术、关键共性技术问题，培育品牌发展新增长点。这一措施旨在通过科技的力量，增强品牌的核心竞争力和市场影响力。

湖北省将持续实施“万千百”企业质量提升行动，每年组织10000家中小企业开展质量品牌培育标准体系培训，每年支持1000家规模以上企业导入先进质量管理模式，打造100家质量标杆企业。此外，推广首席质量官、首席品牌官制度，支持企业争创“中国质量奖”，组织评定“长江质量奖”，鼓励市州设立“市长质量奖”，形成湖北品牌高质量梯队。

6.1.2 湖北省县域品牌化的挑战

（1）品牌定位与资源整合难题

首先，在品牌定位方面，许多县域品牌缺乏清晰的核心价值，导致品牌形象模糊，市场竞争力较弱。如宜昌蜜桔虽然以优良品质在全国享有一定知名度，但其品牌宣传过于聚焦于“农产品”这一身份，未能深度挖掘文化关联或情感价值，难以与其他柑橘类品牌形成差异化竞争。随州香菇虽在国际市场具有一定影响力，但品牌个性和地域文化挖掘不足，消费者对其认知仅停留在产品功能层面。

其次，资源整合能力不足是品牌化过程中面临的另一重要难题。蕲艾作为“中国艾都”的代表性品牌，在产业链整合上尚存在短板，各相关企业缺乏协同合作的机制，资源分散，导致品牌的市场竞争力无法充分发挥。荆州鱼糕作为地方传统食品品牌，也因企业间协作不足，未能形成竞争力较强的产业集群，品牌影响力仍局限于地方市场。此外，标准化建设不足进一步阻碍了资源整合的深度。如恩施玉露虽是湖北省茶叶品牌的代表，但部分茶农仍未采用标准化的生产方式，导致产品质量参差不齐，影响了整体品牌形象和市场竞争力。同时，部分县域品牌在开发过程中未能平衡资源利用与可持续发展之间的关系。以神农架旅游品牌为例，其过度依赖生态旅游资源开发，忽视了文化资源的挖掘，导致品牌形象单一，游客增长趋缓。秭归脐橙品种多样，一年四季均有鲜橙，但由于土地大小不一、土地分布不均、无专业技术指导，产生了品种套种、混种的现象，经年累月容易造成品种质量下降的问题，甚至可能使多年研发的各式品种付诸东流，失去秭归脐橙的优势。

最后，市场化运作不足也制约了品牌的进一步发展。尽管潜江龙虾作为湖北省的明星品牌之一，近年来通过成立虾稻产业协会推动了市场化，但在品牌授权与国际市场开拓方面仍有不足。武当山茶则因品牌运作模式传统，市场推广力度有限，其品牌的市场渗透率始终较低，难以充分发挥其“道茶”的文化背书优势。

面对上述挑战，湖北省县域品牌需强化品牌核心价值的提炼，结合地域文化与情感内涵，构建差异化的品牌定位。同时，通过推动政府、企业和合作社间的深度协作，实现资源的高效整合，完善行业标准和品牌授权管理机制，有助于提升品牌的规范化与可信度。借助现代传播工具和电商平台提升数字化运作能力，将进一步扩大品牌的市场影响力。通过以上措施，湖北省县域品牌将更好地应对资源整合与定位模糊的难题，助力区域经济与文化的全面振兴。

（2）品牌设计与传播瓶颈

① 品牌设计同质化，缺乏创新。湖北省县域品牌在设计上存在明显的同质化现象，未能充分体现品牌的独特性与地域文化内涵。许多县域品牌在标识、包装设计上缺乏创意，仅限于简单的产品名称加地理标志，缺乏视觉冲击力和文化辨识度。虽然潜江龙虾在国内具有一定的知名度，但其品牌标识和包装设计较为传统，未能充分彰显虾稻共生的生态文化特色。而类似蕲艾这样有深厚文化底蕴的品牌，

其符号体系设计仍停留在草本植物形象层面，未能从中医药文化角度深化品牌内涵，难以打动更广泛的消费者群体。

② 传播策略单一，传播渠道不足。湖北省县域品牌的传播大多依赖于传统媒体与地方政府的宣传主导，缺乏多样化与系统化的传播策略。恩施玉露在传播过程中主要通过展会和区域活动推广，但未能有效利用现代数字媒体工具进行多维度传播，其品牌内容在线上平台的覆盖率和消费者互动率偏低。另一方面，像宜昌蜜橘这样富有市场潜力的品牌，也未形成成熟的内容营销体系，其传播语言和方式未能与年轻消费者的兴趣点相匹配，导致目标受众的覆盖面受限。

③ 跨文化传播能力弱。湖北省部分县域品牌在国际市场的传播上缺乏跨文化适配能力，未能有效应对不同市场环境与文化背景。洪湖清水大闸蟹在开拓国际市场时，产品包装与宣传文案未能迎合海外消费者的习惯与喜好，导致品牌认知度不高。罗田茯苓虽然在国际中药材市场有一定知名度，但缺乏针对性的品牌形象设计和传播策略，难以在竞争激烈的国际市场中脱颖而出。

④ 品牌传播资金不足。许多县域品牌在传播中面临资金投入不足的问题，导致推广覆盖范围受限，品牌价值难以全面释放。以秭归脐橙为例，该品牌虽具备优质产品资源，但由于地方政府和企业在品牌推广上的投入有限，其广告投放和活动推广力度无法与其他省份的优质农产品品牌相抗衡，品牌曝光率较低。

⑤ 缺乏专业化团队与持续性策略。湖北省县域品牌在设计与传播过程中普遍缺乏专业团队的支持，导致品牌建设缺乏连贯性和可持续性。部分品牌的设计和传播任务由政府主导完成，项目型操作占主导，缺乏专业策划机构或人才的深度参与，导致品牌定位和推广策略难以长期维持一致。此外，品牌传播多以短期活动为主，未能建立长期有效的品牌管理机制，难以形成持续的市场影响力和忠诚的消费群体。

6.1.3 湖北省县域品牌化的综合评估

湖北省县域品牌化的现状体现出机遇与挑战并存的特点。从地域资源、政策支持和市场环境来看，湖北省具备了良好的品牌化基础条件，但同时在品牌定位、设计、传播和管理等方面仍面临诸多难题。对湖北省县域品牌化机遇和挑战的综合分析，可以帮助团队对现阶段的品牌化进程形成全面评价，为未来的优化策略提供科学依据。

（1）地域资源与政策支持的优势

湖北省地理环境独特，自然资源与文化资源丰富，农业、文旅和制造业具备较强的资源禀赋和发展潜力。潜江龙虾和蕲艾等品牌已经在国内外市场获得一定知名度，展示了湖北省资源优势的产业转化潜力。政策支持则为品牌化提供了重要保障，湖北省农产品品牌三年培育方案等政策明确品牌建设行动，通过省级核心大品牌、区域公用品牌和企业产品品牌的梯次培育，推动标准化、产业化和品牌化体系的建设。

（2）品牌化发展中的显著问题

在品牌定位与资源整合、品牌设计与传播、产业链完善和管理执行等方面仍存在较多瓶颈。品牌定位普遍缺乏核心价值提炼，无法有效形成差异化竞争力，资源整合不力导致品牌影响力受限。品牌设计存在同质化现象，未能充分挖掘地域文化内涵，而传播方式单一，缺乏数字化传播能力。产业链短板和市场竞争加剧则进一步限制了品牌价值的提升，尤其是在产业集群效应和农文旅融合方面。

（3）评估结果与未来方向

从现有条件来看，湖北省县域品牌化正处于快速发展阶段，但与先进地区相比，仍需加快补齐短板。一方面，应进一步发挥湖北省的地域资源和政策支持优势，通过品牌化与产业发展的深度融合，打造标志性品牌集群。另一方面，要聚焦品牌定位和资源整合的优化，加快制定标准化生产和品牌授权管理机制。品牌设计与传播需注入更多创意元素，扩大数字化传播渠道，提高品牌在年轻消费者和国际市场的渗透率。同时，应注重产业链延伸和集群效应的发挥，通过深加工和高附加值产品开发提升品牌竞争力。

湖北省县域品牌化的综合评估表明，要实现全面提升，需要优化资源配置、创新设计与传播策略，为湖北省县域品牌从地方性品牌向全国乃至国际品牌的转变奠定坚实基础。

应对策略与政策建议

6.2

6.2.1 政策保障与机制优化

湖北省县域品牌化的发展离不开政策保障与机制优化的支持。政策的完善和机制的优化能够为县域品牌化提供顶层设计的指引和执行保障，从而确保资源的有效整合、品牌建设的规范化管理，以及战略目标的顺利实现。

（1）完善品牌建设政策体系

湖北省县域品牌化需要明确的发展方向和实施路径，这离不开完善的政策支持。首先，制定湖北省县域品牌化专项支持政策，以县域资源禀赋为基础，结合湖北省农业、文化和旅游产业发展的整体布局，明确“区域公用品牌+企业品牌”的双轨发展目标。政府应通过财政支持、税收减免、品牌注册补贴等措施，降低企业品牌化的经济门槛，同时推动中小企业积极参与品牌化建设。鼓励各县域通过政策性融资工具支持品牌化项目，解决企业在品牌推广、设计研发、营销传播等环节的资金问题。

其次，政策体系需注重长期发展与阶段性目标相结合。湖北省可以制定县域品牌化五年计划，明确重点品牌培育目标、阶段性产值增速，以及品牌的市场覆盖率等具体指标。这一过程中，省、市、县三级联动政策体系显得尤为重要，地方政府需要将省级政策细化到地方实际情况，形成因地制宜的品牌化发展路径。通过明确核心大品牌、区域公用品牌和企业品牌的发展目标，逐步构建层次分明、责任清晰的品牌生态体系。

（2）建立多层次的品牌管理机制

在品牌化推进中，管理机制的建立和优化至关重要。设立县域品牌化推进委员会，作为品牌建设的核心协调机构，整合政府、企业和社会资源。该机构可由政府部门牵头，联合专业品牌策划机构、高校研究机构、行业协会共同参与，负责制定品牌化战略规划、协调跨部门事务以及监督政策实施进展。同时，在企业层面，建议推广首席品牌官制度，赋予品牌管理更多的专业化和系统化支持，确保企业品牌化战略与区域品牌整体方向一致。

加强品牌授权与使用的规范化管理。湖北省县域品牌普遍面临品牌授权混乱、形象管理松散等问题，容易引发市场混乱和消费者信任度下降。建立统一的品牌授权和管理平台，有助于在全省范围内形成清晰的品牌使用规则，平台可以在线管理授权流程，追踪品牌的使用情况，并对违规使用行为进行及时监管。同时，鼓励企业自愿加入区域公用品牌体系，通过严格的质量标准和评估机制提升品牌的公信力。

（3）优化市场监管与质量控制

品牌建设的基础是产品质量和市场诚信。湖北省县域品牌的进一步发展需要加强市场监管和质量控制机制，确保消费者对品牌的信任。

首先，应建立产品质量溯源系统。通过引入区块链技术，将农产品从生产到销售的全过程记录在系统中，实现全产业链的透明化管理。这不仅有助于提升品牌公信力，也为消费者提供了更多选择依据。

其次，加强对假冒伪劣产品的打击力度。假冒产品的流通不仅损害品牌的声誉，也挫伤了品牌建设主体的积极性，湖北省应加大对重点品牌的市场监督检查频次，联合执法部门形成快速反应机制，对侵权行为予以严厉打击。湖北省县域品牌化亟需完善行业标准体系，特别是在农产品和传统手工业品领域。如针对洪湖清水大闸蟹等产品，可以引入全国性或国际性认证标准，将湖北省特色品牌与高端市场需求对接，从而提升品牌的市场竞争力和溢价能力。

（4）推动品牌创新机制与数字化转型

在政策保障和机制优化中，品牌创新能力和数字化转型是湖北省县域品牌化发展的两个关键突破口。湖北省可以通过设立品牌创新专项基金，鼓励企业探索品牌设计、产品研发、传播手段等领域的创新。如对潜江龙虾品牌进行全产业链生态化升级，从产品包装到体验式餐饮服务，打造一个多维度的品牌体验体系。

数字化转型是未来品牌化的核心路径之一。湖北省可以通过政策引导，鼓励县域品牌深度参与电商平台合作，通过数据分析、精准投放等方式优化品牌传播效率。同时，推广品牌管理的智能化工具，比如在线品牌监控系统、社交媒体营销管理工具等，提高品牌化进程的执行力和效率。

6.2.2 品牌定位与设计策略

品牌定位与设计策略是湖北省县域品牌化发展的核心环节。品牌定位决定了品牌的核心价值及其与竞争对手的差异化特征，而设计策略则通过视觉与传播手段将品牌的定位转化为消费者能够直观感受和记忆的内容。如表6-3所示，湖北省县域品牌在农业、文旅、工业产品等领域品牌建设，需要结合区域特性、文化符号、市场需求等要素，制定科学合理的品牌定位与设计策略。

表6-3　湖北省县域部分公共品牌（农产品类）定位与策略参考

县域	类型及名称	品牌定位	设计策略	文化符号
潜江市	农业：潜江龙虾	生态龙虾，乡村振兴典范	①标识：融合虾稻共生图案，体现生态循环农业；②标语：生态潜江，龙虾之乡；③故事：讲述农民通过龙虾养殖致富的故事，展现人与自然和谐共生	①地域文化：江汉平原稻作文化；②旅游符号：潜江龙虾节、生态农庄；③民俗民风：虾稻共作农耕文化；④非遗及手工艺：龙虾烹饪技艺、稻草编制品
蕲春县	文旅：蕲艾文化	中医药养生文化传承者	①标识：结合艾草叶片与中医针灸图案；②标语：千年医圣草，养生蕲艾香；③故事：围绕李时珍与蕲艾的历史渊源，突出中医药文化传承	①地域文化：医圣李时珍文化；②旅游符号：蕲艾小镇、李时珍纪念馆；③民俗民风：艾草文化节、艾灸养生习俗；④非遗及手工艺：艾灸技艺、艾草香囊制作
恩施土家族苗族自治州	农业：恩施玉露茶	高山云雾茶，土家手工茶	①标识：融合土家织锦图案与茶叶形态；②标语：云雾恩施，玉露飘香；③故事：讲述土家族制茶技艺传承，突出手工匠心与文化价值	①地域文化：土家族文化；②旅游符号：恩施大峡谷、土司城；③民俗民风：土家摆手舞、女儿会；④非遗及手工艺：土家织锦、手工制茶技艺
襄阳市	农业：襄阳高香茶	汉水茶香，古城韵味	①标识：结合古城墙与茶叶图案；②标语："千年古城，一品茶香"；③故事：关联襄阳历史文化与茶叶种植传统	①地域文化：汉水文化、三国文化；②旅游符号：襄阳古城、古隆中；③民俗民风：襄阳花鼓戏、三月三庙会；④非遗及手工艺：襄阳高香茶制作技艺、襄阳花鼓戏
荆州市	文旅：荆州鱼糕	三国风味，荆州味道	①标识：融合三国人物与鱼糕图案；②标语："三国荆州，鱼糕飘香"；③故事：结合荆州三国文化与鱼糕制作工艺	①地域文化：三国文化、楚文化；②旅游符号：荆州古城、关公义园；③民俗民风：荆州花鼓戏、端午龙舟赛；④非遗及手工艺：荆州鱼糕制作技艺、楚式漆器
洪湖市	农业：洪湖莲藕	水乡莲藕，生态洪湖	①标识：结合洪湖风光与莲藕图案；②标语："千湖之省，藕香洪湖"；③故事：展现洪湖渔民种植莲藕的生活场景	①地域文化：洪湖赤卫队红色文化；②旅游符号：洪湖湿地、蓝田生态园；③民俗民风：渔家婚俗、采莲节；④非遗及手工艺：洪湖羽毛扇制作技艺、莲藕雕刻

（1）品牌标识

人们长期在某一地区生活与积累之后形成了在地文化，在地文化是乡村空间与时间纵横交错之下产生的印记，体现着人们的社会组织与行为、历史故事与精神、建筑与街区风貌，并由此形成与之相关联的潜在意识形态与价值观，是县域整体的微观缩影，也是当地宝贵的文脉资源。深挖当地在地文化融入到品牌标识之中能够将县域的沉淀和特征的进行提炼并进行可视化的符号化呈现，能够让消费者一眼知晓县域的脉络和特色。但需要强调的是，品牌标识作为品牌形象的重要组成部分，应该与品牌定位一般具有鲜明的差异性，因此，品牌标识之中凝练在地文化需要是县域内别具特色，与其他县域不同的，能够立刻被识别出与县域本身存在关联的。

如熊本县的县徽是熊本一词的第一个字母“KU”为原型进行设计的，由于熊本县位于日本九州地方中部，因此图案的绘制就将九州地方的地形有机融合其中。熊本县将在地文化与时代潮流紧密结合，借助“萌文化”顺利出圈。因此，只有当县域品牌标识能够孕育于在地文化之中，又能在竞争日益激烈的市场之中找到自己独特的设计时，该品牌标识才能将差异化的县域风貌展现在世人面前，在人们心中留下深刻印象。

（2）品牌标语

品牌标语作为整体品牌识别中的一部分，必须与品牌的整体战略定位保持高度的一致性，决不允许出现品牌核心卖点模糊甚至互相矛盾的情况，否则不仅难以建立鲜明的品牌形象，还会使品牌资产无法建立，极其不利于品牌的长久发展。

湖北省整体的品牌规划可以以“美”为核心进行建设，人们对于湖北省以美为核心的品牌定位也有着较好的认知与接受度。因此，湖北省在品牌标语的选择上应当始终围绕美这一观点进行聚焦与丰富，把重点浓缩到一个点上，而不是通过看似包罗万象的词语来试图对所有特点呈现，通过一系列的品牌传播与营销活动，将湖北省与美紧紧相连，同时将美的意义进行细化，将这一理念通过短视频、社交软文等多种传播手段进行具象化阐释。

（3）品牌故事

品牌故事是品牌情感和价值观的具象化表达，是品牌与消费者建立情感连接的重要载体。一个好的品牌故事不仅能够增强品牌的吸引力，还能帮助品牌在竞争激烈的市场中脱颖而出。湖北省县域品牌在品牌故事的构建中，应结合地方文化、历史传承和人文情怀，通过真实而动人的叙事，使消费者在感知品牌功能价值的同时，也能感受到品牌的人性温度与文化厚度。

以湖北省的潜江龙虾为例，其品牌故事可以挖掘当地虾稻共生的生态模式，结合农民增收致富的奋斗故事，展现“人与自然和谐共生”的品牌内涵。同时，融入潜江市人民通过龙虾经济实现乡村振兴的实践，赋予品牌更加深刻的社会价值。如通过短视频或纪录片形式展现潜江龙虾从田间到餐桌的全过程，讲述龙虾养殖者的日常生活，让消费者不仅认可龙虾的美味，还能感受到背后的质朴情感与生态理念。

湖北省县域品牌也可以通过挖掘地方特色文化故事来赋予品牌温度。如蕲艾品牌可以围绕医圣李时珍与蕲艾的历史渊源构建品牌故事，将中医药文化与现代健康理念结合，打造“养生千年传承”的品牌形象。恩施玉露则可以通过土家族制茶技艺的传承故事，突出品牌的文化价值与手工匠心。

品牌故事的核心在于构建情感共鸣，让消费者能够通过品牌看到自己的情感需求与价值认同。通过细腻动人的叙事方式，湖北省县域品牌可以进一步深化品牌定位，为品牌注入持久的生命力和文化张力。

6.2.3 传播推广与运营策略

品牌传播的传播融媒体搭建并不是目的，有效传播才是目的。县域融媒体矩阵的搭建只是县域品牌的传播媒介，但是并不能代表拥有融媒体矩阵就是有效传播，矩阵的内容内核才是传播的关键。大众传播时代单向传播的途径不适应于当今的社会现状。互联时代讲究的是用户思维，唯有用户导向，将用户想要的作为传播内容的方向，才能达到较好的传播效果。湖北省县域品牌的传播内容在线上传播方面缺乏趣味性，究其原因是没有把握用户思维，还是以传播者的视角出发。

如表6-4所示，湖北省县域品牌应当适当通过短视频、直播等喜闻乐见的方式将品牌信息进行有针对性的策略推广，让用户在碎片化的时间与地点里接触到品牌的信息，用非线性阅读的方式快速获取品牌内容。

表6-4　湖北省县域品牌传播（农文旅综合类）

县域	资源	受众	传播推广
恩施土家族苗族自治州	①自然：恩施大峡谷、梭布垭石林；②历史：土司城；③文化：土家族苗族文化、土司文化、吊脚楼建筑；④活动：土家女儿会、摆手舞节、恩施大峡谷徒步节；⑤农产品：恩施玉露茶、土家腊肉、富硒农产品	都市白领、亲子家庭、摄影爱好者、康养人群	①短视频+直播：通过抖音、快手展示自然风光与民族风情；②小红书+微博：打造"康养恩施"种草内容；③微信视频号：推送土家文化故事与旅游攻略
襄阳市	①自然：汉江边湿地；②古隆中、襄阳古城；③文化：三国文化、诸葛亮文化、汉水文化；④活动：诸葛亮文化节、襄阳马拉松、汉服游园会；⑤农产品：襄阳高香茶、襄阳黑猪、襄阳大头菜	历史爱好者、家庭游客、研学团体、文化旅行者	①B站+抖音：发布三国文化短视频、汉服变装；②微信公众号：推送"三国一日游"路线；③文旅直播：带观众"云游"古隆中
荆州市	①自然：长江风光带；②荆州古城；③文化：三国文化、楚文化、关公文化；④活动：关公文化旅游节、荆州马拉松、端午龙舟赛；⑤农产品：荆州鱼糕、荆江鸭、荆州大米	文化旅游者、家庭亲子、学生团体、海外华人	①抖音+视频号：打造"三国穿越"系列短剧；②微博话题：#荆州三国行#；③小红书：种草"荆州古城拍照打卡点"
洪湖市	①自然：洪湖湿地、蓝田生态园、长江故道；②文化：洪湖赤卫队红色文化、渔家文化；③活动：洪湖荷花节、渔民文化节、湿地观鸟节；④农产品：洪湖莲藕、洪湖野鸭、洪湖清水蟹	生态旅游者、摄影爱好者、亲子家庭、红色文化游客	①短视频平台：展示洪湖湿地生态与渔民生活；②直播带货：推广洪湖莲藕、螃蟹等特产；③文旅纪录片：讲述洪湖赤卫队故事
宜昌市	①自然：清江画廊、三峡大瀑布；②历史三峡大坝、三峡人家；③文化：三峡文化、屈原文化、水电文化；④活动：屈原文化节、三峡国际旅游节、龙舟赛；⑤农产品：宜昌蜜桔、秭归脐橙、清江鱼	国内外游客、研学团体、亲子家庭、摄影爱好者	①抖音+快手：打造"三峡一日游"短视频；②微信视频号：推送"三峡人家"系列故事；③小红书：种草"三峡大坝打卡攻略"
十堰市	①自然：武当山、丹江口水库、太极湖；②文化：道教文化、太极文化、养生文化；③活动：武当山道教文化节、太极养生节、武术表演；④农产品：武当道茶、丹江口翘嘴鲌、竹山绿松石	中老年养生群体、文化旅行者、武术爱好者、康养游客	①抖音+视频号：展示武当山太极表演与道教仪式；②小红书：种草"武当山养生之旅"；③直播：道茶采摘、太极教学、道教文化讲解

6.3

6.3.1 国家战略下的县域品牌化

在国家战略的引领下，湖北省县域品牌化将进一步紧密与国家政策目标对接。随着国家对乡村振兴、区域协调发展、创新驱动发展等战略的持续推动，湖北省县域将能够依托政策红利、资本支持和技术创新，促进县域品牌的崛起。特别是“十四五”规划提出的区域协调发展战略，将加速县域经济的发展，提升区域内品牌的竞争力和市场影响力。

在《中国制造2025湖北行动纲要》中，湖北省明确提出要主动对接融入国家战略，加快建设制造强省，着力夯实“建成支点、走在前列”的产业支撑。这一纲要的发布，标志着湖北省在国家制造强国战略的引领下，将县域品牌化作为推动制造业提质增效、由大变强的重要途径，为县域品牌的崛起提供了政策支持和方向指引。

根据《湖北省国民经济和社会发展第十四个五年规划和二〇三五年远景目标纲要》，湖北省将充分发挥区位交通优势、产业基础优势、科教资源优势、市场潜力优势，以发展现代产业体系为重点，推动县域经济的高质量发展。为县域品牌化提供战略方向，通过区域协调发展，加速县域经济发展，提升区域内品牌的竞争力和市场影响力。

湖北省的“十四五”规划中强调坚持生态优先绿色发展，建设美丽湖北的目标。在乡村振兴和绿色发展战略的推动下，县域品牌化将聚焦于绿色食品、有机农产品和地理标志农产品的发展，通过增加绿色、有机产品的认证数量，满足人民对美好生活的向往，推动农业品牌化和高质量发展。

《关于推动县域工业高质量发展实施方案（征求意见稿）》中提到，湖北省将以习近平新时代中国特色社会主义思想为指导，推动县域工业高端化、智能化、绿色化发展，不断提升县域工业的核心竞争力和可持续发展能力。这表明县域品牌化将依托创新驱动发展战略，通过技术改造升级和智能化改造，推动产业链向中高端迈进，实现生产过程的透明化、智能化和运营管理的现代化。湖北省将优化重点行业结构，打造万亿级汽车产业集群，巩固原材料工业供给侧结构性改革成果，推动消费品工业增品种、提品质、创品牌，提高产品附加值。通过优化区域产业链布局，积极承接国内外产业转移，推进老工业基地转型发展，着力打造产业名城，引导全省产业集聚区规划布局，加快建设一批主导产业。这为县域品牌化提供了产业集群发展的平台和机遇，通过产业链的延伸与升级，结合绿色环保和高新技术的应用，实现资源的优化配置，推动从传统生产向绿色、智能化、可持续发展转型。

6.3.2 县域城镇化与品牌相融合

县域城镇化是推动湖北省县域经济转型与发展的关键路径，而品牌建设则是提升县域核心竞争力和市场认知度的战略工具。随着城镇化进程的推进，县域城镇化与品牌建设的融合将成为推动县域经济高质量发展的重要动力。通过城镇与乡村的互动融合、资源优化配置、产业集群发展及文化与现代生活方式的深度结合，湖北省的县域品牌将逐步形成独特的区域优势，助力城乡协调发展、推动区域一体化进程。

（1）城镇化带来的发展机遇

随着湖北省县域城镇化进程的加速，人口流动与集聚为县域经济带来了新的机遇。城镇化不仅促进了基础设施的建设、公共服务的提升，也使得城市与乡村之间的联系更加紧密。这一过程使得原本相对封闭的乡村市场逐步向外开放，吸引了更多的资源和资本进入县域，推动当地的产业结构优化与升级。

特别是在现代物流、信息网络等基础设施的支撑下，县域能够实现城乡资源的高效流动与共享。品牌建设通过借力城镇化的基础设施优势，能够跨越地理与信息壁垒，将县域特色产品、文化等资源迅速推广至更广阔的市场。湖北省的特色农产品可以通过电商平台和现代物流系统，迅速进入城市市场，减少中间环节，提升产品附加值。同时，城市居民的回乡旅游、体验农业等活动，也能够将城市消费需求引入县域，推动地方经济的增长。

（2）城乡互动融合推动县域文化品牌化

在县域品牌建设过程中，城乡互动与融合是重要的推动力量。城镇化的推进使得城市与乡村的界限逐渐模糊，城乡一体化的趋势愈加明显。湖北省县域品牌建设应积极响应这一变化，推动城市与乡村文化的深度融合，塑造具有地方特色的多元化品牌形象。

湖北省县域品牌可将传统的乡村文化

与现代化的城市生活方式结合起来，创造出新的文化体验。结合城市对生态旅游、农家乐、手工艺品、地方传统节庆等的需求，打造乡村特色文化品牌。县域文化不再局限于传统农耕文化，而是通过现代设计理念、数字化展示技术等手段，与城市现代生活形成互动和融合。县域依托当地的历史文化、风土人情及自然景观，推出一系列具有地方特色的旅游品牌、文创产品等，将其转化为吸引城市消费者的市场资源。

通过城乡文化的互动与融合，县域能够塑造出独具特色的文化符号，增强品牌的辨识度与吸引力。这种文化品牌化不仅帮助县域在内陆市场中占据一席之地，还能够通过线上平台和文化交流活动，将湖北省县域品牌推向更广阔的全国及国际市场。

（3）城镇化促进品牌集群化

随着城镇化的推进，湖北省县域的产业发展不仅要注重单个行业的提升，更要推动产业集群化发展。城市化带来了生产方式、消费方式、服务需求的变化，同时也带来了产业集群和价值链的重组与延伸。县域可通过产业集群化发展形成品牌效应，提升县域整体经济的竞争力。

湖北省县域可依托当地的农业资源，发展农业产业集群，同时发展食品加工、物流配送、品牌营销等上下游产业链，实现产业链的延伸和品牌的集聚效应。政府可通过政策引导、基础设施建设等措施，推动相关产业企业聚集，形成产供销一体化的品牌发展模式。产业集群化有助于降低生产成本、提高市场集中度，并且通过集中营销，形成规模效应，提升县域品牌的影响力。

随着县域城镇化的深入，人才流动、技术创新和资本积聚等也为县域产业升级提供了良好条件。县域可以通过引导本地企业走品牌化、智能化、绿色化的路径，推动产业的高质量发展，从而提升品牌的附加值和市场竞争力。

（4）品牌传播与市场拓展

县域品牌建设的成功离不开有效的品牌传播，而城市化进程为县域品牌传播提供更多途径和渠道。在湖北县域品牌化的未来发展中，跨区域品牌传播将成为提升品牌认知度和市场渗透力的关键策略。

随着城市化的推进，县域品牌通过线上平台、电商渠道、社交媒体等多样化的传播方式，可以迅速打破地域限制，进入更广阔的市场。湖北省的特色农产品、地方文化产品、乡村旅游等，通过电商平台、物流配送系统以及社交媒体的推广，能够迅速触达全国乃至国际市场。这不仅有助于提升县域品牌的市场影响力，还能促进当地经济的增长，带动相关产业的发展。

跨区域品牌传播不仅限于产品的销售，还包括文化的传播和市场的拓展。如通过举办文化活动、品牌推介会、乡村旅游节等方式，进一步提升县域品牌知名度和美誉度，同时增强与其他地区、品牌联动，形成协同效应，推动整个区域的品牌联动与共赢发展。

6.3.3 数字化转型助力品牌发展

随着数字化技术的不断进步，湖北省县域品牌正面临前所未有的转型机会。数字化不仅改变了品牌营销的方式，也推动了生产、供应链管理、产品创新等各方面的提升。对于湖北省县域品牌而言，数字化转型是提升市场竞争力、增强品牌影响力的关键路径。借助互联网、大数据、人工智能等技术，县域品牌能够更加精准地把握市场需求、优化产品设计，并通过线上线下的深度融合，提升品牌的市场渗透力与消费者互动性。

首先，数字化赋能品牌营销是县域品牌发展的重要步骤。借助社交媒体、电商平台等渠道，县域品牌能够在短时间内扩大品牌影响力，打破传统的区域限制，进入更广阔的市场。通过大数据分析，品牌可以根据消费者的行为特征进行精准营销，推送个性化的产品和服务，从而提升客户满意度和忠诚度。社交平台的应用，使得县域品牌能够更高效地进行品牌传播，尤其是在年轻一代的消费者中，短视频和直播带货等新兴方式为品牌带来了更多的关注和参与。

其次，数字化可以促进县域品牌的产品创新与研发。借助物联网、云计算等技术，县域品牌可实现智能制造和个性化定制，从而提高生产效率和产品附加值。通过数据分析，品牌可以对市场需求进行更精准的预测，缩短产品的研发周期。特别是在农产品、文化创意等领域，数字化技术使得品牌能够根据消费者的需求进行灵活调整和创新。如湖北省地方特色农产品可利用智能化农业技术提高产量和质量，同时结合电商平台进行线上推广，形成品牌竞争力。

数字化转型不仅限于产品和营销，它还深刻影响着品牌的供应链管理。通过智能供应链系统，县域品牌可实现生产、仓储、配送等环节的数字化管理，提高资源配置效率，降低物流成本。智能物流的应用使得品牌能够实现订单的实时追踪，提升配送效率，保障消费者的购物体验。数字化也为跨境电商和国际化发展提供了有力支持，湖北的县域品牌能够通过跨境电商平台拓展市场，提升品牌认知度。

政府在推动数字化转型中的角色尤为重要。通过政策引导、资金支持和平台建设等方式，帮助县域品牌加速数字化进程。政府的支持可通过技术培训、基础设施建设和税收优惠等手段，为品牌发展提供必要的保障。优化数字化政策环境，推动技术创新与产业升级，使湖北省的县域品牌能够在国内外市场中抢占先机，创造更具竞争力的产品和服务。

综上，数字化转型为湖北省县域品牌提供了更为广阔的发展空间。通过精准的数字化营销、智能化的生产和创新、高效的供应链管理，以及国际化的市场拓展，湖北省县域品牌能够在新时代的经济环境中占据有利位置，推动地方经济的高质量发展。

6.3.4 县域品牌化建设纵深发展

随着湖北省县域经济的不断发展，品牌化建设已成为推动地方经济转型升级的关键因素。品牌化不仅仅是对企业或产品的单一标识，而是一个包含文化认同、品质保障、消费体验等多维度的综合体系。为了促进湖北省县域品牌的深入发展，必须从战略、文化、创新、营销等多个层面入手，全面提升品牌影响力和市场竞争力。

（1）构建区域文化品牌

湖北省县域品牌的建设需要充分挖掘并利用地方独特的文化资源。湖北省拥有丰富的历史文化、自然资源以及传统工艺，这些都可以成为打造县域品牌的重要元素。如黄鹤楼、武当山、长江文化等地域特色，可通过文化传承与创新融入到地方品牌中，不仅可以塑造具有深厚文化底蕴的地方特色品牌，还可以使品牌在全国甚至全球市场上产生独特的吸引力。

为了使品牌更加具有文化辨识度，县域应深入探索地方历史文化与现代生活的融合点，打造符合当代消费者审美与需求的文化产品。在旅游、农业、手工艺品等领域，结合当地历史故事、风土人情以及传统技艺，发展文化旅游、特色农产品等产业，形成具有地方文化特色的品牌符号，从而提升县域品牌的文化附加值。

（2）提升产品品质与创新能力

品牌建设的核心在于产品质量的保障与创新。县域品牌要在保证产品质量的基础上，提升产品的创新能力，尤其是在农产品、手工艺品、地方食品等领域，产品质量和独特性是决定品牌能否脱颖而出的关键。如黄冈名茶、荆州玉雕、襄阳皮影戏等产品，都具备丰富的地域特色和文化内涵，通过持续的质量控制与技术创新，可以打造出符合现代消费趋势的优质产品，形成强大的品牌竞争力。

县域应重视产品研发与创新设计，将科技与传统产业结合，不断推出创新型产品。如结合大数据、人工智能等技术，优化产品的生产工艺、包装设计、售后服务等方面，提升产品的市场吸引力，提升消费者对品牌的认同感与忠诚度。

（3）打造差异化竞争优势

在激烈的市场竞争中，县域品牌的成功不仅依赖于品质和文化，还需要明确的差异化定位，通过打造差异化的产品和服务，突出品牌的独特性，避免陷入同质化的竞争格局。县域通过深度挖掘当地自然景观或历史背景，结合现代设计和功能需求，开发出独具地方特色的文化旅游线路、地方美食等，形成独特的市场定位。通过差异化的竞争，提升品牌的市场辨识度，满足不同消费者群体的需求，进一步增强品牌的市场竞争力。

差异化不仅仅体现在产品上，也可以体现在服务体验、品牌故事及情感价值的塑造上。县域提供创新的旅游产品或本土特色产品的定制化服务，可以为游客和消费者提供独特的品牌体验。消费者对品牌的忠诚不仅来源于产品本身，还来源于情感上的认同与共鸣，因此，县域品牌应关注品牌背后的故事性和情感价值的塑造，深化消费者的品牌认知。

（4）强化品牌传播

品牌传播是品牌建设中至关重要的一环。县域品牌要通过多元化的传播渠道，提高品牌的知名度和市场影响力。随着数字化营销的迅速发展，县域品牌可以通过社交媒体、电商平台、直播带货等方式，突破传统传播手段的局限，迅速打入更广泛的市场。与此同时，湖北省县域应注重建立线上线下联动的多渠道传播体系，形成完整的品牌传播闭环，提升品牌的市场渗透率和消费者认知度。

县域品牌还应积极拓展国际市场，尤其是在“一带一路”倡议下，推动品牌的国际化进程。通过跨境电商、国际展会等渠道，积极宣传湖北省县域特色产品和文化，扩大品牌的国际影响力，提升地方品牌在全球市场中的竞争力。

（5）持续品牌监测与评估

品牌建设是一个长期的过程，县域品牌在发展过程中应加强品牌的持续监测与评估。通过市场调研、消费者反馈等方式，了解品牌在市场中的表现与消费者的接受度。根据品牌监测结果，及时调整品牌战略，优化产品与服务，确保品牌的健康持续发展。同时，品牌评估体系的建立，也能够为县域品牌的发展提供科学的决策支持，确保品牌在激烈的市场竞争中保持优势。

县域品牌建设的深入发展需要多方面的协调与推动。挖掘地方特色文化、提升产品创新、塑造差异化优势、强化品牌传播、加强政府支持等多维措施可以帮助湖北省县域品牌在市场中脱颖而出，形成强大的市场竞争力与影响力。品牌化建设不仅是县域经济发展的推动力，更是提升湖北省地方经济整体竞争力、推动高质量发展关键所在。

第7章

湖北省县域品牌化案例实践

7.1 县域品牌化实践背景

（1）实践意义

品牌化设计从经济提升、社会建设、文化传承等多个方面发力，旨在缩小城乡发展差距，全面提升县域农村地区的发展水平与竞争力。在中国式现代化语境下，朝着县域乡村振兴 2035 年取得决定性进展目标迈进的历史阶段，建设“宜居宜业和美乡村”，县域品牌化设计成为当前及今后全面推进乡村振兴战略落实的关键着力点。

湖北省县域通过深入挖掘乡村传统文化精华，并合理融入现代设计理念，使县域品牌化具象化的标志设计承载乡村历史记忆，呈现当下独特时代风貌，在文化传承和视觉呈现方面，为县域品牌化发展提供坚实支撑。在县域城镇化发展进程中，县域标志设计起着关键作用。建设“和美乡村”需要注重对县域品牌化发展之路进行统筹规划设计，其蕴含的核心价值在多个层面深刻影响着县域建设。

首先，县域整体品牌标志设计作为形象的直观呈现载体，借助鲜明的视觉语言，呈现了县域独有的风情以及深厚的文化底蕴，提高了县域的独特标识性。这些经过精心构思与创意设计的县域标志如同一张张引人注目的名片，帮助外界对县域形成鲜明且持久的印象，为县域旅游的拓展及品牌建设奠定基础。其次，县域整体品牌标志设计巧妙依据当地的历史传说、秀丽山水、民俗风情等文化基因进行设计，这些元素相互融合，让本土文化得以传承延续，还唤醒了村民内心深处的文化自豪感与认同感。在县域文化活力被充分激发之际，文化产业与乡村旅游也迎来发展机遇，实现相互促进、共同繁荣。再则，优秀的县域品牌化设计可把握乡村特色，吸引更多资金流入，让县域成为游客向往的旅游之地，切实增加县域的经济收入。最后，县域品牌化实践契合和美乡村建设理念，追求生态、文化与现代感的和谐统一，影响着县域建设。

县域整体品牌标志设计深入融入乡村发展的各个环节，无论是守护文化底蕴、推动经济发展，还是呵护生态环境，都有不可替代的意义。和美乡村建设的顶层规划与基层实施成为时代的核心议题，受到学界广泛关注。充分发掘并合理利用县域标志设计的价值，是乡村实现可持续发展的关键举措，对乡村的长远发展至关重要。

（2）实践方法

品牌化视觉形象要借助有系统性、规范性以及标准化特征的视觉符号，依靠丰富多样的载体及传播手段，为自身塑造出一个独特，可与公众或者消费者构建起可产生情感联系的县域形象。品牌形象的传播与视觉识别设计系统的构建紧密相关，品牌视觉形象在设计及传播过程中的呈现方式，也直接促使了视觉识别设计美学的产生。县域标志设计肩负着传播城镇化品牌形象的关键职责，还是呈现县域地方文化特色、传承并发展地域文化的一种载体。

县域品牌形象及视觉符号在标志设计里的功能性，体现在凭借这种设计方式，可达成县域文化的传播、情感的共鸣，以及文化的传承与发展，对提升县域整体形象有着较为深远的意义。要深入研究县域地域文化以及特色资源，从中提取关键的核心主题与简洁且有特色的视觉符号，如此方可构建有效的品牌视觉形象。在推进美丽乡村建设、县域品牌化的过程中，可彰显县域深厚的文化底蕴，增加县域品牌视觉形象的独特性，让其独特文化瑰宝得以延续和传承。

湖北省县域在品牌化设计实践中，应注重以下几个方面。一是深入挖掘地域文化资源，提炼文化符号，将其巧妙融入县域标志设计中，使标志成为承载与传播县域文化的载体。二是结合现代设计理念与技术，创新县域标志设计的表现形式，使其既具有传统韵味，又符合现代审美，吸引更多人关注与了解县域。三是加强县域标志设计的规范性与标准化，确保标志在不同应用场景下的一致性与识别度，提升县域品牌形象的专业度与权威性。四是注重县域标志设计的传播与推广，通过多种媒介与渠道，广泛传播县域标志及其蕴含的文化内涵，提高县域品牌的知名度与影响力。

湖北省县域整体品牌化设计是一项系统工程，需要政府、企业、设计师、民众等多方共同参与，形成合力。通过科学合理的品牌化设计，湖北省县域将能够更好地展示自身独特魅力，提升竞争力，实现乡村振兴与可持续发展。

7.2 湖北省县域品牌化实践

（1）湖北省仙桃市

仙桃市，原名沔阳县，夏、商时为荆州域，周代为勋国、州国地，春秋战国属楚地，秦属南郡，三国属江夏郡，汉、晋为云杜、竟陵地。梁天监二年，置沔阳郡，因郡治在沔水之北而得名。明改沔阳府为沔阳州。民国时改沔阳州为沔阳县，直属湖北省，位于湖北省中部的江汉平原腹地，地理位置优越，交通便捷。仙桃市北依汉水，南靠长江，东邻省会武汉，西连荆州、宜昌，处在湖北“两江”（长江、汉江）经济带的交汇点上。1986年5月27日，经国务院批准，撤销沔阳县，设立仙桃市。1994年10月，湖北省人民政府批准仙桃市为省直管市。

设计师将“沔”字作为标志轮廓外形，将字中笔画转化仙桃市的特色元素：小镇的屋顶，代表长龙宴的龙纹，体现沔阳水乡的变形“水”字，共同构成了仙桃市县域品牌化视觉形象设计。如图7-1所示，分别是仙桃县域品牌化设计表达的联想设计图、仙桃要素梳理图、仙桃县域品牌视觉草图设计方案、制作方案及应用传播载体设计。

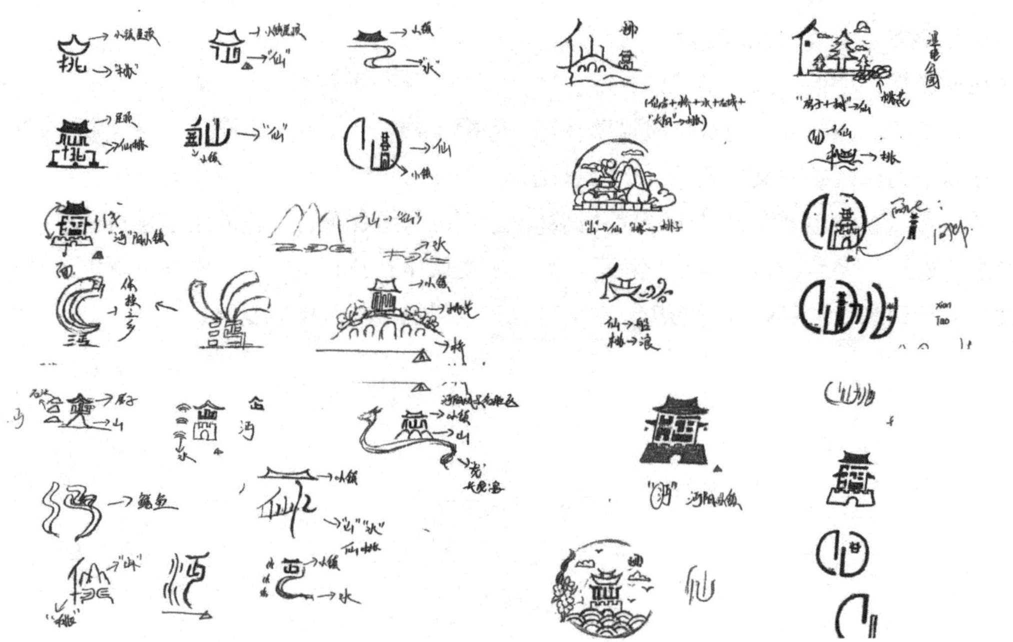

图 7-1

仙桃市县域品牌化设计　设计指导：赵文　设计：李睿卓

（2）湖北省竹山县

竹山县，古称“上庸”，竹山县位于湖北省西北部，隶属于十堰市，地处秦巴山区腹地，东接房县，南邻神农架林区，西连陕西省安康市，北靠陕西省白河县。竹山县历史悠久，文化底蕴深厚，是楚文化的重要发源地之一，境内有丰富的文化遗产和自然景观。竹山县自然资源丰富，森林覆盖率高，生态环境优美，是旅游和避暑的胜地被誉为“天然氧吧”。

竹山县还是中国重要的茶叶生产基地，竹山云雾茶享誉国内外。此外，竹山县矿产资源丰富，主要有磷、铁、铜、铅、锌等，其中磷矿储量居全国前列。近年来，竹山县依托丰富的自然资源和文化遗产，大力发展生态旅游、绿色农业和矿产资源开发，经济持续健康发展，人民生活水平不断提高。竹山县正朝着建设生态宜居、经济繁荣、社会和谐的现代化县城目标迈进。

设计师直接将中国书法的“竹”字形式作为竹山县整体形象的设计来源，书法形式的“竹”字本身就体现出了“山”字的形象，体现竹山县从古至今人与自然相结合的智慧。将此形象简化为更加圆润、清晰明了的标志，体现出竹山县柔和的山水形象，同时也象征着竹山县的开放与包容，以及邀请四方游客共赏竹山之韵的意味。色彩则是运用了当地特色的绿松石色彩配色。如图7-2所示，分别是竹山县域品牌化设计表达的联想设计图、要素梳理图、县域品牌视觉草图设计方案、制作方案及应用传播载体设计。

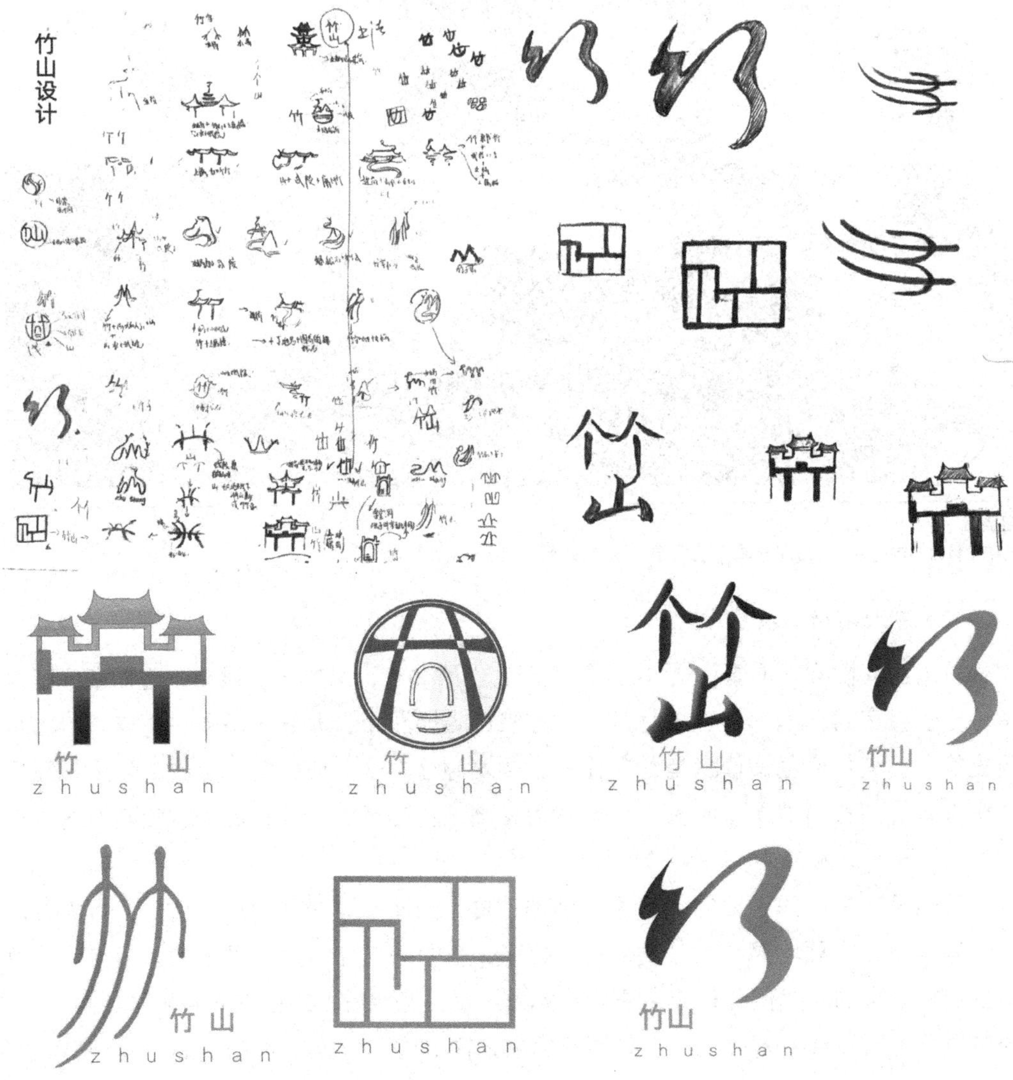

图 7-2
竹山县域品牌化设计　设计指导：赵文　设计：梁思思

（3）湖北省恩施市

恩施市是湖北省恩施土家族苗族自治州首府和政治、经济、文化中心和交通枢纽，位于湖北省西南部，武陵山北部，清江中上游，恩施市是湖北省历史文化名城，吴永安三年（260年），置沙渠县。雍正六年（1728年），取皇恩泽布施地之意，改名恩施县，1981年11月，设立县级恩施市，1984年，恩施县并入。抗战时期湖北省政府曾迁置于此，1998年，列为国家对外开放城市。恩施市属中国地势第二阶梯末端，云贵高原东延部分，其地势西北、东南高，中部低，呈东北至西南纵裂地带走向。主要河流有清江、带水河、车坝河等，属中纬度亚热带气候，呈现出垂直气候的分带性和局地气候的特殊性。

恩施市标志的图形设计灵感来源于恩施土司城的建筑轮廓。土司城作为恩施的历史文化地标，建筑风格独特，融合了土家族传统建筑风格与独特的地理特色。在标志设计中，采用简洁的线条，勾勒出土司城的轮廓。如图7-3所示，分别为恩施市县域品牌化设计表达的联想设计图、要素梳理图、县域品牌视觉草图设计方案、制作方案及应用传播载体设计。

（4）湖北省房县

房县位于湖北省十堰市南部，古称“房陵”，因“纵横千里、山林四塞、其固高陵、如有房屋”而得名。这里自然资源丰富，是“木耳之乡”“黄酒之乡”，还有“中华泉水之冠”美誉。房县文化底蕴深厚，是楚文化发源地之一，有诗经文化、流放文化等。旅游资源丰富，有野人洞、观音洞、温泉等景区，还是国家重要生态功能区，森林覆盖率高，生态环境优越。另外，房县的西关印象街区始建于唐宋，兴盛于明清，全长1680米，距今已有600多年历史。这里曾是贯通鄂豫川陕的古盐道，也是繁华的古商埠。目前，街区以“修旧、饰旧、保旧”为理念，融合诗经文化、黄酒文化、忠孝文化等，打造了集文化体验、旅游休闲、商业消费为一体的沉浸式街区。

设计师以房县的自然景观为灵感进行设计，用标志传达了房县的地域特色和文化底蕴。标志的主体部分由一系列层叠的山峦和河流组成，这些元素共同构成了一幅山水画卷，象征着房县的青山绿水和丰富的自然资源。山水的排列组合成“房”“县”这两个字，绿色和蓝色的渐变色运用，不仅体现了房县的生态之美，也传达了清新、宁静和生机勃勃的感觉。如图7-4所示，分别是十堰房县县域品牌化设计表达的联想设计图、要素梳理图、县域品牌视觉草图设计方案、制作方案及应用传播载体设计。

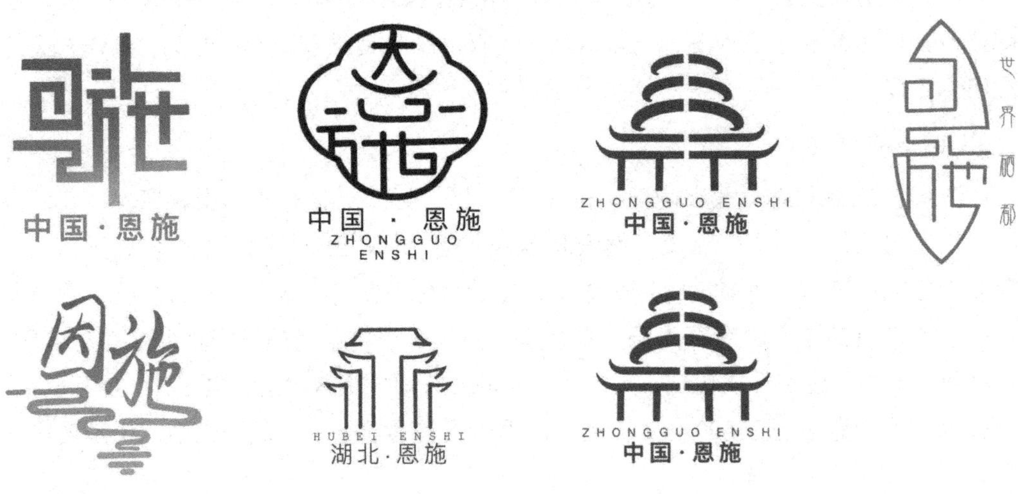

图 7-3

恩施市县域品牌化设计　设计指导：赵文　设计：陈想

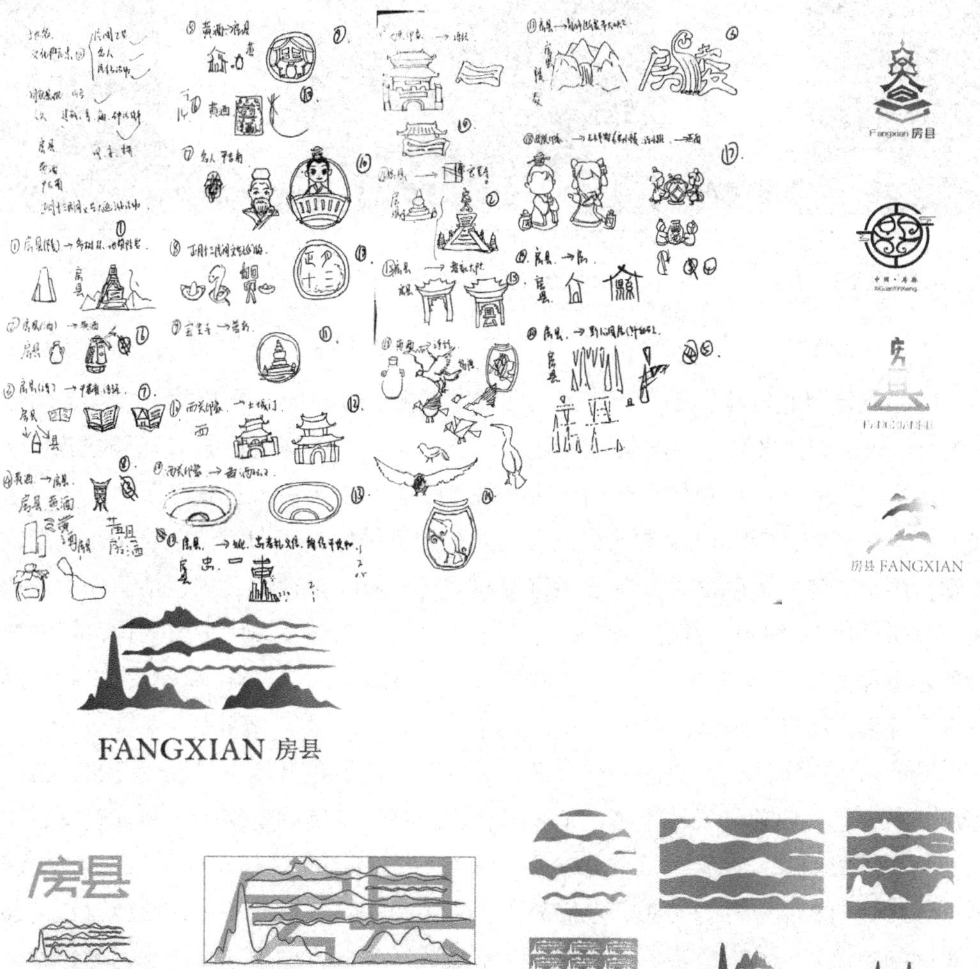

图 7-4

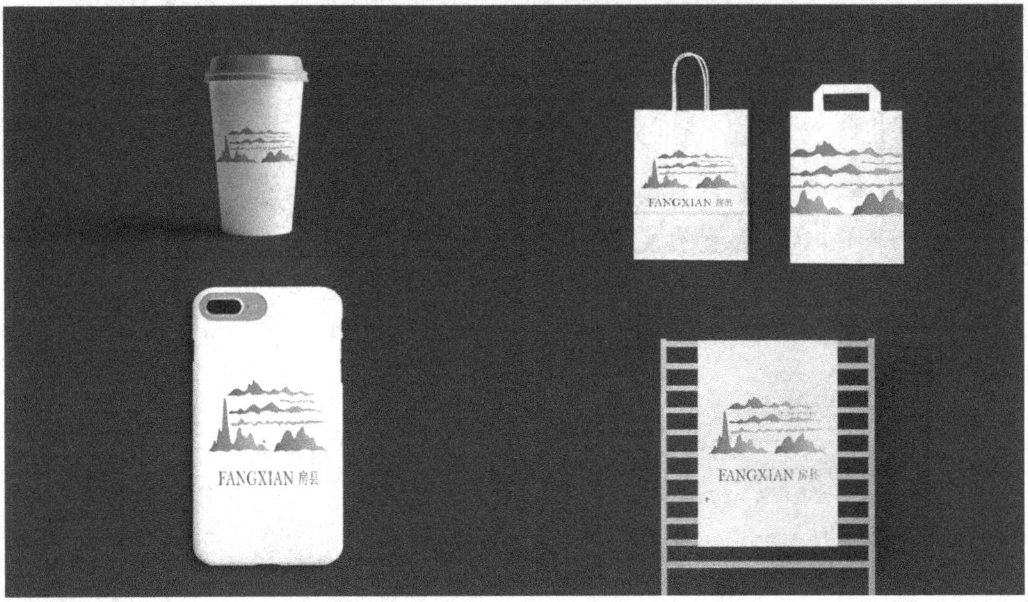

图 7-4
房县县域品牌化设计　设计指导：赵文　设计：叶芸兰

（5）湖北省洪湖市

洪湖市是湖北省辖县级市，地处湖北省中南部，江汉平原东南端，以其市内最大的湖泊——洪湖而命名。洪湖东西两侧与长江相连通，为鱼类提供了理想的繁殖环境。特别是在湖区南部的黑鱼湾至螺山一带，每年冬季都会吸引大量雁鸭聚集，使得这里成为水禽资源的宝库。洪湖市地势自西北向东南呈缓倾斜，为四湖（长湖、三湖、白鹭湖、洪湖）诸水汇归之地，属亚热带湿润季风气候。设计关键词包括文化（渔业文化、农耕文化）、精神（红色精神）、建筑（瞿家湾、洪湖革命历史博物馆、洪湖湘鄂西苏区革命烈士纪念馆）、非遗（洪湖凤舟、五虾闹鲇）、自然（荷花、飞鸟、渔船、波浪、游鱼、稻米、河湖）。

设计师以"洪湖"为灵感，结合设计关键词，巧妙融合传统与现代元素。图形中心的"洪"字采用独特书法字体，笔画流畅，展现出汉字的韵律美。屋顶图案若隐若现，增添历史韵味。莲花图案作为主要元素之一，其圆润的形态象征着纯洁与高雅，与整体设计的和谐感相得益彰。色彩释义上，黑色字体稳重而庄重，白色背景与莲花图案则带来清新与纯净之感，两者结合，形成鲜明对比，增强了视觉冲击力。整体设计通过图形与色彩的巧妙搭配，成功传达了洪湖的独特魅力与文化底蕴。如图7-5所示，分别是洪湖市品牌化设计表达的联想设计图、要素梳理图、县域品牌视觉草图设计方案、制作方案及应用传播载体设计。

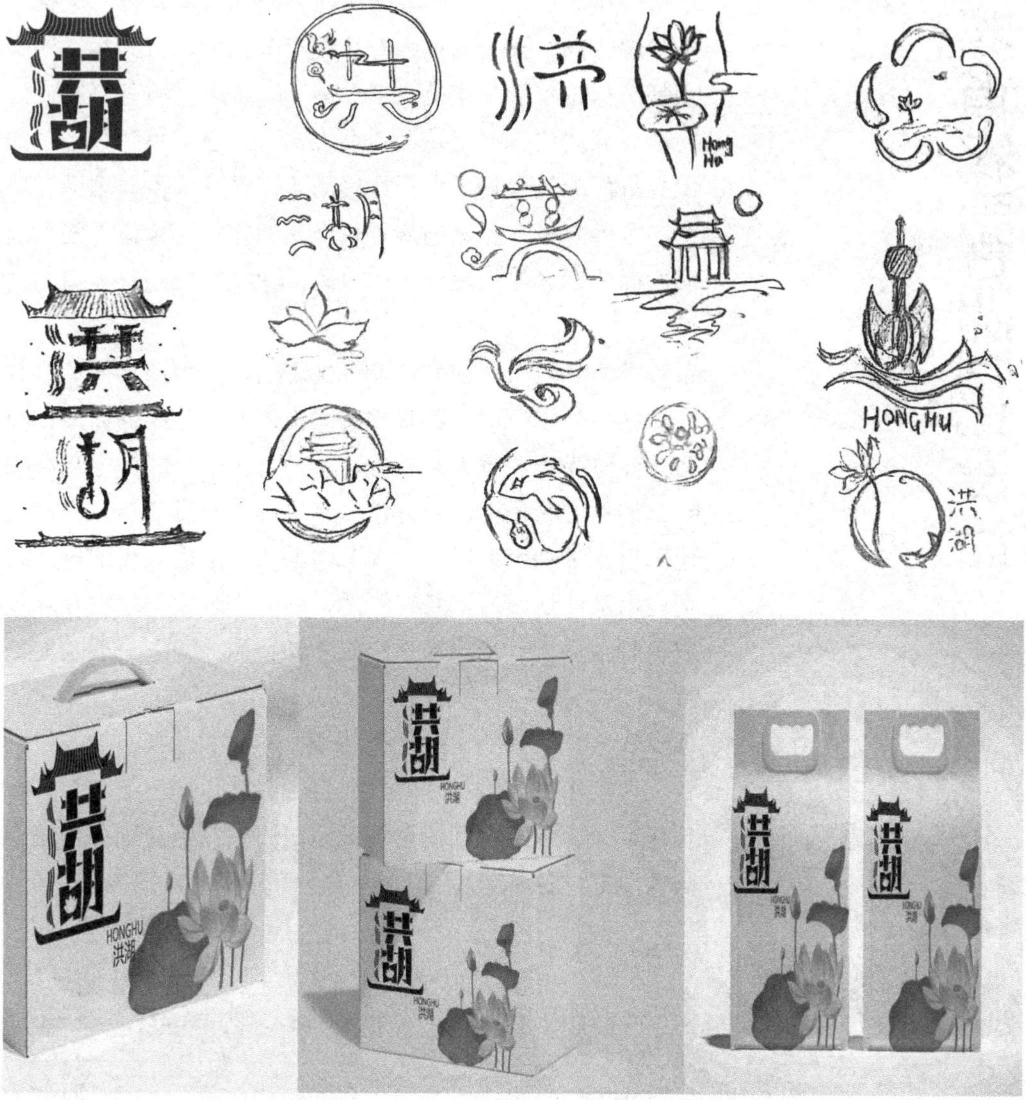

图 7–5

洪湖市品牌化设计　设计指导：赵文　设计：宋可颜

（1）潜江油焖大虾

潜江油焖大虾，起源于湖北省潜江市周矶镇，又称广华油焖大虾、五七油焖大虾，近年来广受食客喜爱。油焖大虾制作过程的关键就在“油焖”二字上，用于烧制此菜的油每菜式约需七至八两，焖烧的时间在半小时以上。如此焖烧而成的大虾，色泽鲜艳耐看，香辣鲜各味俱全。其虾的营养丰富，且其肉质松软，易消化，对身体虚弱以及病后需要调养的人是极好的食物，独特的口感及丰富的营养价值。

潜江油焖大虾的品牌设计标志整体造型质朴简约，线条流畅、静中有动、富有动感，由几何形态组合而成，具有强烈时尚感传统性和视觉冲击力，传达出时尚与传统相结合的品牌特色。以龙虾作为基本形，通过简洁几何形表达出潜江油焖大虾特点，图形中的四个圆形以简洁方式表现出潜江油焖大虾的身姿形态，同时也表现出水稻养殖的水稻颗粒造型，突出潜江稻田养虾特色，圆形与线条的结合，表现出一座桥形态，体现潜江的“水乡园林”，同时体现潜江大虾良好的自然生长环境。标识中线条由细到粗的变化体现出品牌的长远发展，自由弧线体现出品牌的开放与包容。简洁的几何造型体现出时尚感，色彩则以传统中国红为主，表现出该品牌的生命力和亲和力（图7-6）。

图 7-6

潜江龙虾品牌设计　设计指导：赵文　设计：杨婕 王梦雅 徐汉涛

（2）洪湖莲子

洪湖莲子，湖北省洪湖市特产，也是中国国家地理标志保护产品。洪湖莲子颗大粒圆，皮薄内厚，兼有清甜香润、味甘而鲜的风味，其谐音和寓意较好，深受人们喜爱。

洪湖莲子品牌化设计的标志源于洪湖的莲子、含苞待放的莲花造型及鱼的元素，设计师将其融为一体，体现了洪湖水源水质好，莲子与鱼形成良性生态循环的特点，流动的曲线线条交织在一起，具有鲜明的灵动和生命力。品牌字体采用了笔画连结方法，和图形的曲线风格形成一体，组构形式新颖且具有时尚感（图 7-7）。

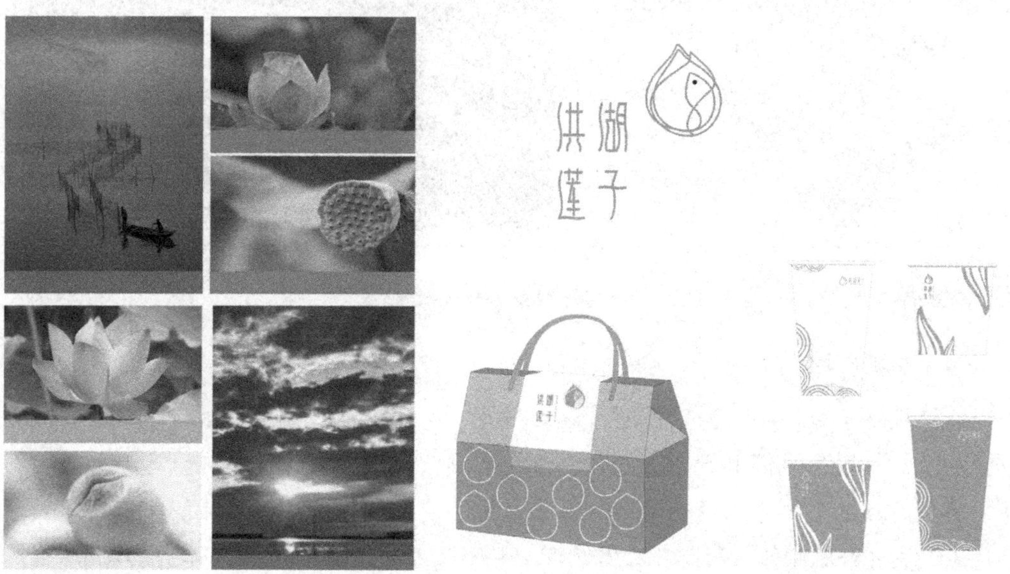

图 7-7

洪湖莲子品牌化设计　设计指导：赵文　设计：陈静 罗娇 刘豆

（3）汤逊湖鱼圆子

汤逊湖鱼圆子，武汉江夏传统名吃，鱼圆洁白、绵软、鲜嫩、爽滑适口，汤色白如乳，鲜美无比，令人回味无穷。汤逊湖鱼圆子以汤逊湖出产的胖头鱼为主要原料，圆子寓意“团团圆圆”，民间有“无圆不成席”说法，因此从古至今，每逢佳节或宴请，民间餐桌上都会有圆子。

汤逊湖鱼圆子品牌化设计的标志源于汤逊湖的鱼元素，设计师以鱼的元素为基础主干，融入了渔夫蓑衣帽造型，使标志具有鲜明的江夏地域性和传统手工渔业特色。图形上下构成融为一体，采用毛笔书法表达形式呈现，体现制作加工手艺精湛，传递出了品牌渔文化气息（图7-8）。

图7-8
汤逊湖鱼圆子品牌化设计　设计指导：赵文　设计：陈佳惠 曹文君

（4）麻城肉糕

麻城地处于长江中下游，古时濒临云梦泽，河流交错，池塘如星，水草丰美，气候温润，自然是鱼儿们的天堂。先人们不用下网，在农田里、沟堰边一弯腰就能捡到鱼，麻城肉糕的主要原料就是鱼肉和猪肉。做肉糕是有讲究的，过年的肉糕，一般在腊月十四后才开始制作。每年年关做肉糕成是麻城人的大事，肉糕是麻城的年的象征。

麻城肉糕品牌化设计的标志由“鱼”“米”文字构成，直观体现了品牌产品的主要原料，即鱼肉、猪肉、米面等，外围轮廓来源于手工制作的竹制蒸笼造型，中间正方形源于年关贴“福”的春联红纸造型。主要色彩采用传统的红色，而以紫红系列色彩和黄色形成时尚对比，让传统品牌与时尚融合（图7-9）。

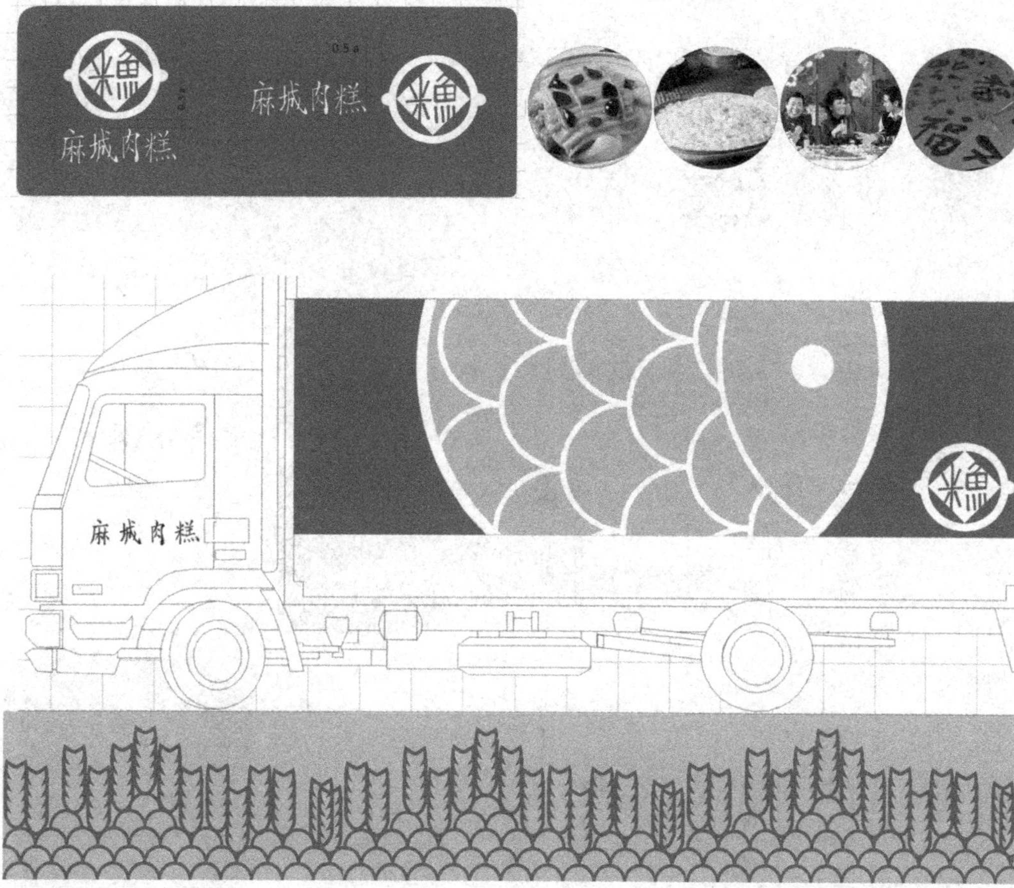

图7-9

麻城肉糕品牌化设计　设计指导：赵文　设计：刘伟 樊雨佳

（5）洪山菜薹

洪山菜薹，紫菜薹的珍稀品种，俗称“大股子”，因其原产于湖北省武汉市洪山区一带而得名，中国国家地理标志保护产品。其茎肥叶嫩，色香味美，在唐代已经是著名的蔬菜，历来是湖北地方向皇帝进贡的土特产，曾被封为“金殿玉菜”，与武昌鱼齐名。

洪山菜薹品牌化设计的标志源于洪山菜薹的造型，设计师对茎、叶、花的造型进行了有效提取，点线面的构成给人以层次变化丰富之感，三个圆形符号中以反底形式衬托出菜薹的典型特征，色彩源于菜薹的实际颜色，更具准确性，品牌的总体识别性很高（图7-10）。

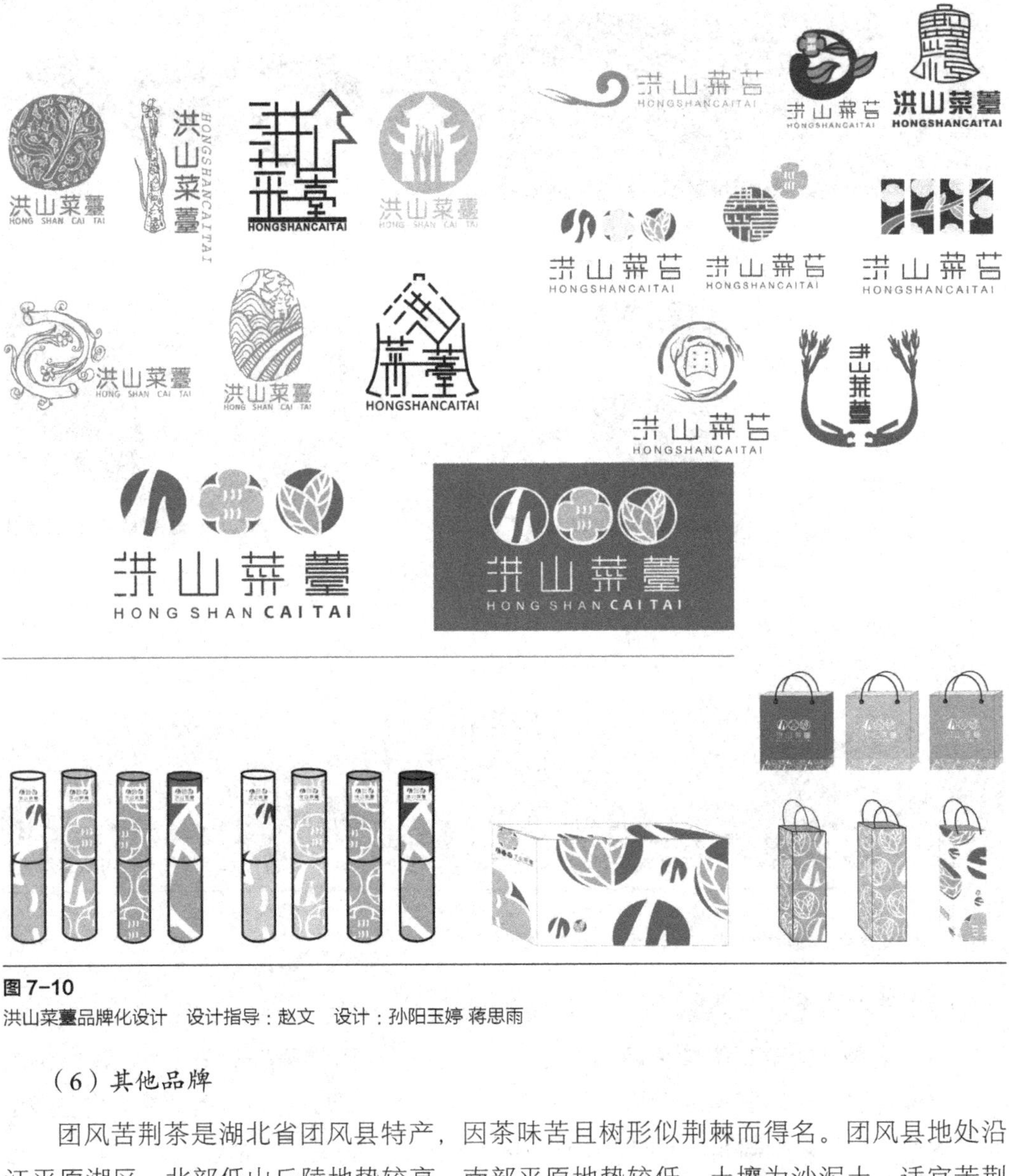

图7-10
洪山菜薹品牌化设计　设计指导：赵文　设计：孙阳玉婷 蒋思雨

（6）其他品牌

团风苦荆茶是湖北省团风县特产，因茶味苦且树形似荆棘而得名。团风县地处沿江平原湖区，北部低山丘陵地势较高，南部平原地势较低，土壤为沙泥土，适宜苦荆茶生长。团风苦荆茶条索紧细，匀整洁净，香气纯正，滋味先苦后甘，入口苦味浓但回甘清凉爽口，解渴持久。明朝《本草纲目》早有记载，1977 年湖北省植物研究所验证其为“猫儿刺树”变种，1991 年开始人工种植，2014 年获地理标志产品保护。如图

7-11所示是团风苦荆茶品牌化设计。

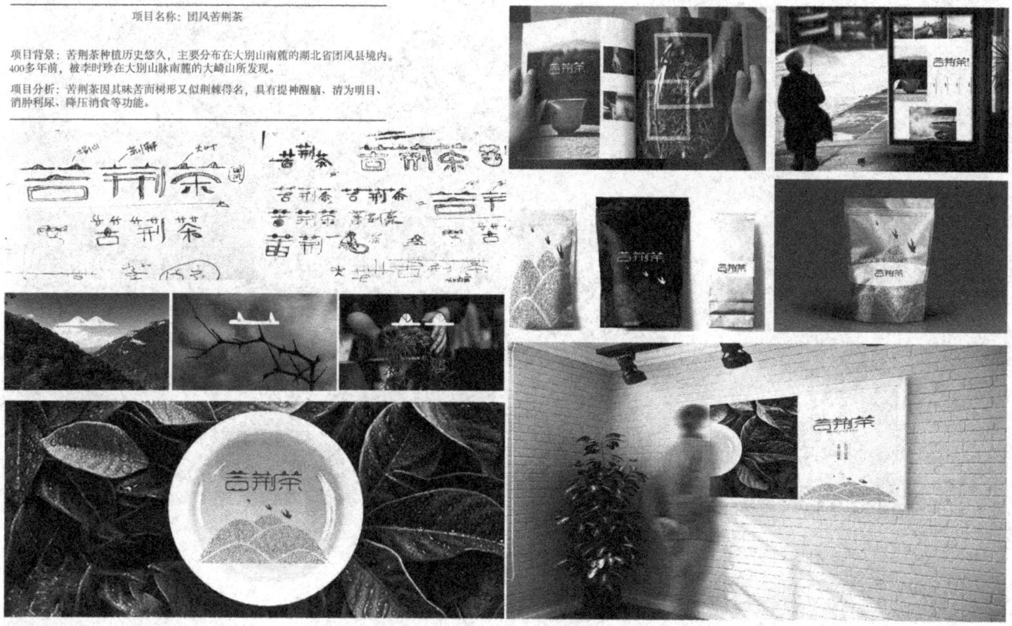

图 7–11
团风苦荆茶品牌化设计

黄梅糖粑是湖北省黄梅县的传统特色美食，具有悠久的历史和深厚的文化底蕴，是黄梅年俗文化的重要组成部分。主要以糯米和麦芽糖为原料，制作时需先将糯米蒸熟、晒干并炒制成米籽，或进一步加工成爆米花，制成“米乃”，同时，精选小麦，经浸泡、催芽等工序后，与糯米饭混合发酵，形成糖稀。将糖稀与米乃按比例混合，加入适量芝麻增香，倒入木框压实后切块，即成糖粑。整个制作过程复杂，需多人协作，耗时数日。黄梅糖粑呈块状，外观金黄诱人，口感香甜松脆，入口即化，满口生津，回味无穷。黄梅糖粑不仅是美食，更是情感纽带与文化符号，承载着黄梅人的童年回忆和对家乡的眷恋，象征着团圆与甜蜜，是黄梅人过年时不可或缺的一部分，也是对美好生活的向往与追求的体现。如图7-12所示是黄梅糖粑品牌化设计。

汉川荷月酥是湖北省汉川市独具特色的传统风味食品，至今已有六百余年历史，现已被列入湖北省非物质文化遗产名录。以白面、猪油、陈皮等为原料，经过两次起酥制成，形状圆如满月，酥皮层叠似荷瓣，故而得名。相传明皇太后患病不思饮食，汉川县令派人送去了以白面、砂糖、金橘饼、桂花等为原料制成的酥饼，皇太后食用后食欲大增，赐名“荷月酥”。如图7-13所示是汉川荷月酥品牌化设计。

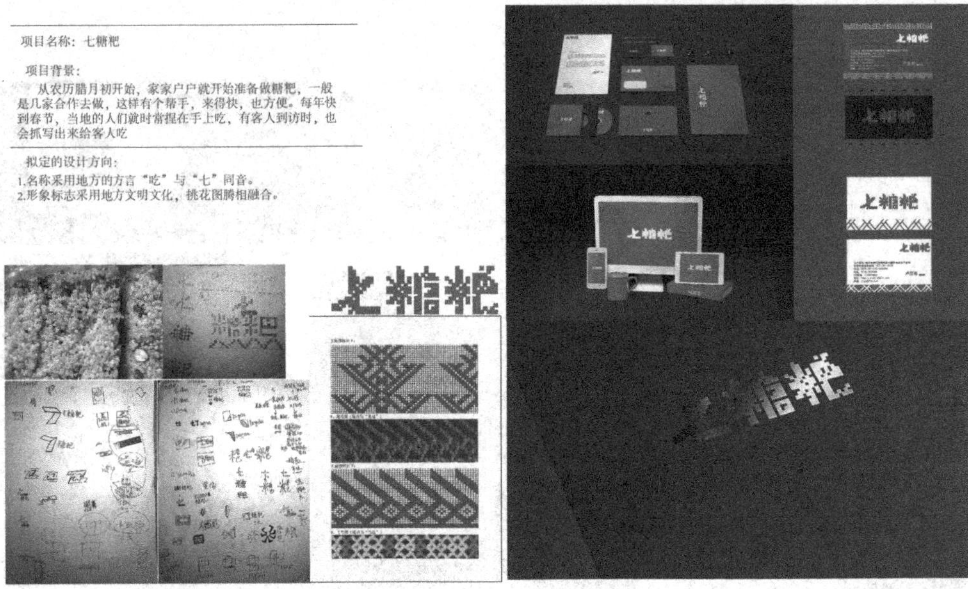

图 7-12
黄梅糖粑品牌化设计

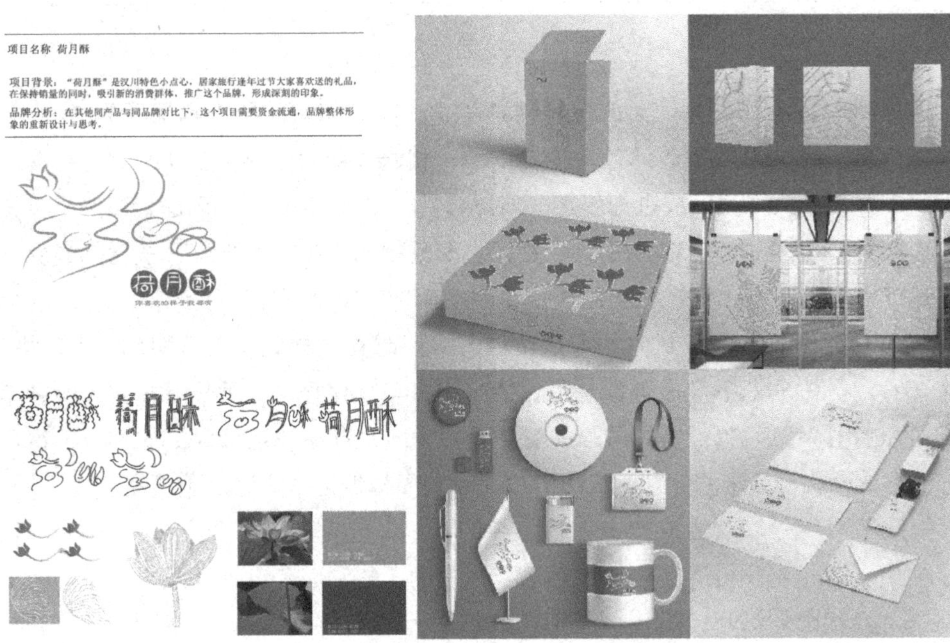

图 7-13
汉川荷月酥品牌化设计

广水奎面，又称应山奎面，是湖北省广水市（旧称应山县）的传统特色美食，因其历史悠久、制作工艺独特以及优良的品质而闻名。广水奎面起源于明末清初，由应山人吴太盛在四川夔州学会挂面手艺后带回应山，并与妻子魁氏共同改良工艺，开设面铺“吴太盛”，取名“魁面”。1905年，李鸿章巡视湖广路过应山，应山知县将“魁面”作为地方特产进献，李鸿章带回北京后献给慈禧太后，慈禧品尝后赞不绝口，从此“魁面”成为皇室食品，民间称之为“银丝贡面”。奎面制作工艺已被列入湖北省非物质文化遗产名录。如图7-14所示是广水奎面品牌化设计。

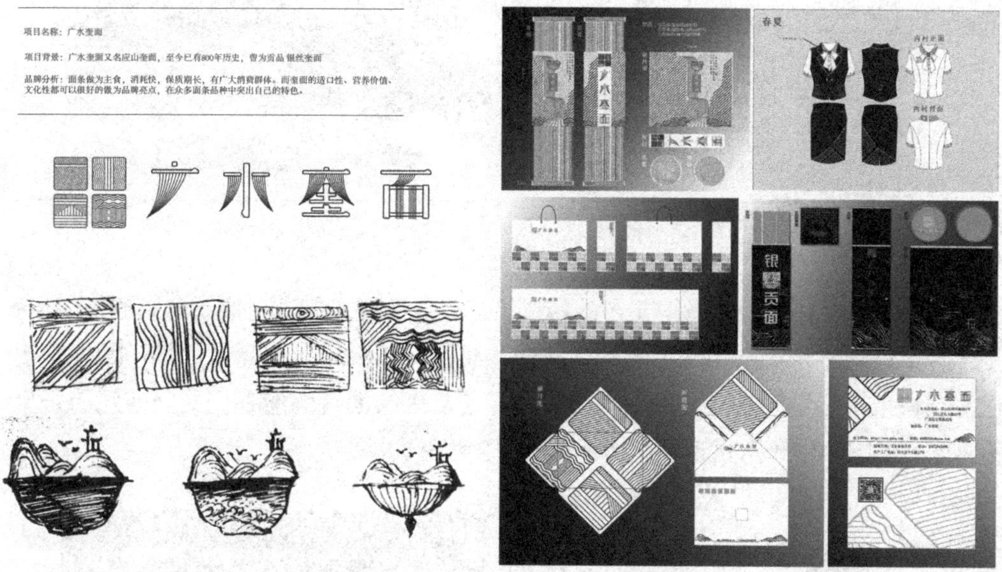

图7–14
广水奎面品牌化设计

大悟花生是湖北省大悟县特产，也是中国国家地理标志产品。其种植历史悠久，据《大悟县志》记载，清光绪末年大悟县开始引入花生种植，到清末民初逐渐兴盛，种植面积扩大，1957年大悟县被授予“花生之乡”和“全国首批花生基地县之一”。大悟县位于湖北省东北部，地处大别山西端南麓，跨长江、淮河两大流域，山地土壤多为黄棕土，土质疏松，通透性好，适宜花生生长。大悟花生品质优良，粒小、籽实、圆满、香脆，荚果形状为普通形或斧头形，果壳薄，网纹清晰，种仁为椭圆形，种皮粉红色，大小均匀，口感香、酥、脆、甜，炒熟后有醇浓香味。大悟县独特的地理环境和气候条件造就了大悟花生的优良品质。如图7-15所示是大悟花生品牌化设计。

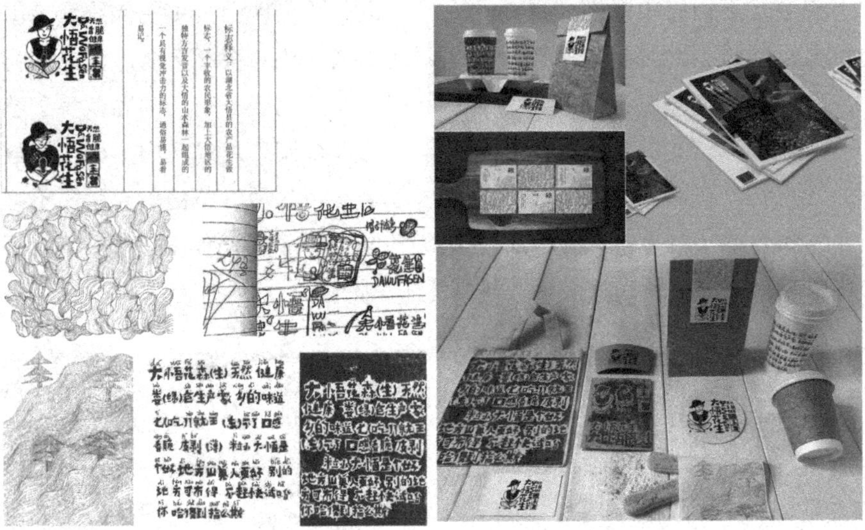

图 7-15
大悟花生品牌化设计

荆州纸面锅块是湖北省荆州市的传统特色小吃，源于明清时期，具有悠久的历史，是一种具有地方特色的传统面食，以其薄如纸面、香酥可口、嚼劲十足而闻名。刚出锅的锅块色泽金黄，香气扑鼻，口感酥脆，吃起来有面食的醇香，又因薄脆而别具一番风味。如图 7-16 所示是荆州纸面锅块品牌化设计。

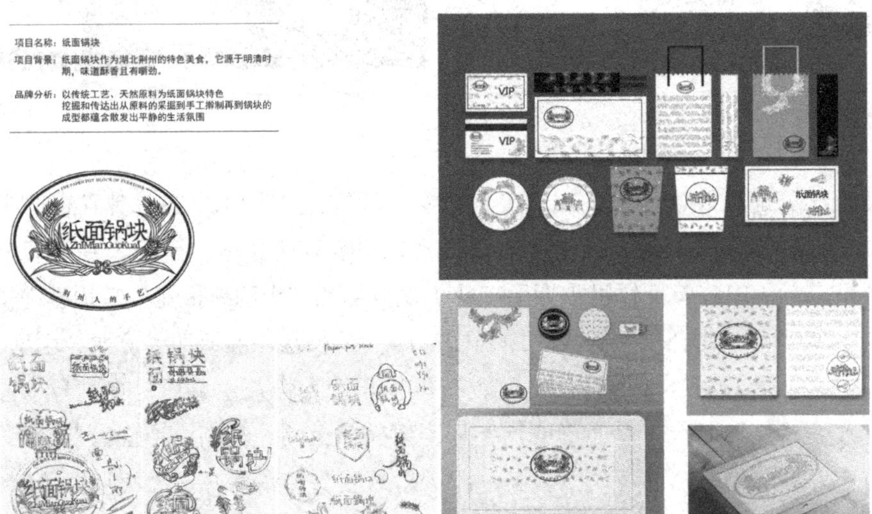

图 7-16
荆州纸面锅块品牌化设计

参考文献

[1] 李闯，易宣羽. 乡村振兴视域下乡村品牌化经营发展路径[J]. 商业经济研究，2021（11）：138-142.

[2] 黄越. 乡村振兴背景下农业遗产保护与开发研究——以湖北恩施玉露茶为例[J]. 现代商贸工业，2023（24）：16-18.

[3] 邓海艳，陶丽萍. 农业文化遗产旅游与乡村振兴的耦合研究：以恩施玉露为例[J]. 武汉轻工大学学报，2024（5）：86-95.

[4] 邓海艳，陶丽萍. 农业文化遗产旅游与乡村振兴的耦合研究：以恩施玉露为例[J]. 武汉轻工大学学报，2024（5）：86-95.

[5] 张蔚. 从品牌概念的不同演绎探析品牌的本质[J]. 当代经理人，2006（5）：99-100.

[6] 王志东，闫娜. 山东文化旅游品牌战略研究[J]. 理论学刊，2011（06）：106-109.

[7] 陈灿. 基于拉斯韦尔5W传播理论的小米电视品牌传播策略研究[J]. 市场监管与质量技术研究，2022（3）：54-57.

[8] 彭彬. 湖南产业化龙头企业农产品品牌建设问题探讨[J]. 品牌，2015（9）：2.

[9] 杨晓明. 生活导向时代的广告理念——论“整合行销传播”思想对当今广告的重要意义[J]. 新闻界，2005（05）：130-131.

[10] 柴俊武，万迪昉. 品牌资产的界定及其评估模型评介[J]. 南开管理评论，2005（1）：42-46.

[11] 杨洪波，彭民，李春华. 农业品牌价值模糊综合评估法分析[J]. 辽宁工程技术大学学报（社会科学版），2005（7）：2，171-173.

[12] 陈必聪. 乡村振兴背景下地域性农产品包装设计研究[D]. 西安：西安建筑科技大学，2023.

[13] 张培. 四川县域旅游可持续发展研究[D]. 成都：四川师范大学，2006.

[14] 高慧东. 襄阳高香茶区域公用品牌建设研究[D]. 武汉：华中农业大学，2023.

[15] 闵子俊. 需求视角下农产品品牌建设研究[D]. 荆州：长江大学，2024.

[16] 沙雪斌. 中国县域文化产业发展战略研究[D]. 济宁：曲阜师范大学，2012.

[17] 宋勇刚. 中国共产党执政以来的县域治理研究[D]. 北京：中共中央党校，2018.

[18] 冯倩晶. 设计治理视角下的珠海市城市设计研究[D]. 广州：华南理工大学，2020.

[19] 王雯静. 重庆武隆县旅游目的地品牌传播及其效果研究[D]. 重庆：西南政法大学，2013.

[20] 陈心怡. 乡村振兴背景下县域品牌建设路径与传播效果研究[D]. 郑州：河南财经政法大学，2022.

[21] 刘茜. 公共物品供给机制与政府定位研究[D]. 天津：南开大学，2010.

[22] 徐鹏. 基于消费者认知的品牌定位模式研究[D]. 天津：南开大学，2009.

[23] 厉建梅. 文旅融合下文化遗产与旅游品牌建设研究[D]. 济南：山东大学，2016.

[24] 吴小天. 旅游目的地品牌化治理中的政府角色定位研究[D]. 天津：南开大学，2013.

[25] 陈令军. 基于文化视角的农产品品牌构建研究[D]. 咸阳：西北农林科技大学，2010.

[26] 李德立. 中国农业产业化经营的品牌战略研究[D]. 哈尔滨：东北林业大学，2006.

[27] 张维亚. 文化遗产地旅游者消费行为数字足迹特征与机制研究[D]. 南京：南京师范大学，2015.

[28] 王青云. 县域经济发展的理论与实践[M]. 北京：商务印书馆，2003.

[29] 杨荫凯，等. 中国县域经济发展论——县域经济发展的思路和出路[M]. 北京：中国财政经济出版社，2005.

[30] 耿献辉，牛佳葛，继红. 农业品牌运营管理[M]. 北京：经济管理出版社，2019.

[31] 杨劲祥. 节事活动营销[M]. 重庆：重庆大学出版社，2015.

[32] 范建华. 节庆文化与节庆产业[M]. 昆明：云南大学出版社，2014.